스피킹 매트릭스

제로

이론편

한국인을 위한 가장 과학적인 영어 스피킹 훈련 프로그램

스피킹 매트릭스
SPEAKING MATRIX

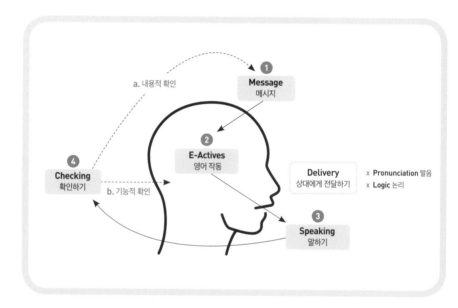

영어 강의 21년 경력의 스피킹 전문가가
한국인의 스피킹 메커니즘에 맞춰 개발하여
대학생, 취업 준비생, 구글코리아 등 국내외 기업 직장인들에게
그 효과를 검증받은 가장 과학적인 영어 스피킹 훈련 프로그램
『스피킹 매트릭스 Speaking Matrix』

이제 여러분은 생각이 1초 안에 영어로 완성되고
30초, 1분, 2분, 3분,⋯ 스피킹이 폭발적으로 확장하는
놀라운 경험을 하게 될 것이다!

내 영어는
왜 5초를 넘지 못하는가?

당신의 영어는 몇 분입니까? 영어를 얼마나 잘하는지 확인할 때 보통 "얼마나 오래 말할 수 있어?", "1분 이상 말할 수 있니?"와 같이 시간을 따집니다. 영어로 오래 말할 수 있다는 것은 알고 있는 표현의 수가 많고, 다양한 주제를 다룰 풍부한 에피소드들을 가지고 있음을 의미합니다. 그래서 '시간의 길이는 스피킹 실력을 판가름하는 가장 분명한 지표'입니다.

스피킹 매트릭스, 가장 과학적인 영어 스피킹 훈련법! 영어를 말할 때 우리 두뇌에서는 4단계 과정(왼쪽 그림 참조)을 거치게 됩니다. 그러나 보통은 모국어인 한국어가 영어보다 먼저 개입하기 때문에 그 과정이 원활하게 진행되지 못합니다. 스피킹 매트릭스의 체계적인 훈련 과정을 거치고 나면 여러분은 모국어처럼 빠른 속도로 영어 문장을 완성하고 원하는 시간만큼 길고 유창하게 영어를 구사할 수 있게 됩니다.

▶ 스피킹 매트릭스 훈련과정

학
습
서

> **스피킹 매트릭스 0** 잠재력 깨우기 　　　　**: 범용 :** 두뇌에 영어 스피킹 패치 장착하기

학습서를 보시고 좀더 집중적인 훈련을 원하는 분은 자신의 영어 수준에 맞는 훈련서를 선택하세요.

> **30초 영어 말하기** 눈 모으기 　　**: 입문 :** 영어에 대한 기본 감각 다지기

> **1분 영어 말하기** 눈뭉치 만들기 　　**: 초급 :** 스피킹에 필요한 필수 표현 익히기

훈
련
서

> **2분 영어 말하기** 눈덩이 굴리기 　　**: 중급 :** 주제별 에피소드와 표현 확장하기

> **3분 영어 말하기** 눈사람 머리 완성 　　**: 고급 :** 자기 생각을 반영하여 전달하기

독자의 1초를 아껴주는 정성!

세상이 아무리 바쁘게 돌아가더라도
책까지 아무렇게나 빨리 만들 수는 없습니다.
인스턴트 식품 같은 책보다는
오래 익힌 술이나 장맛이 밴 책을 만들고 싶습니다.

길벗이지톡은 독자여러분이
우리를 믿는다고 할 때 가장 행복합니다.
나를 아껴주는 어학도서,
길벗이지톡의 책을 만나보십시오.

독자의 1초를 아껴주는
정성을 만나보십시오.

미리 책을 읽고 따라해본 2만 베타테스터 여러분과
무따기 체험단, 길벗스쿨 엄마 2% 기획단,
시나공 평가단, 토익 배틀, 대학생 기자단까지!
믿을 수 있는 책을 함께 만들어주신 독자 여러분께 감사드립니다.

홈페이지의 '독자마당'에 오시면
책을 함께 만들 수 있습니다.

(주)도서출판 길벗 www.gilbut.co.kr
길벗 스쿨 www.gilbutschool.co.kr

---

mp3 파일 다운로드 안내

홈페이지 (www.gilbut.co.kr) 회원(무료 가입)이 되시면 오디오 파일을 비롯하여 다양한 자료를 이용하실 수 있습니다.

1단계 로그인 후 도서명 ▼ [　　　　　　　] 검색 에 찾고자 하는 책이름을 입력하세요.

2단계 검색한 도서에 대한 자료를 다운로드 받으세요.

모국어처럼 유창한
영어 말하기의 시작

스피킹 매트릭스

0
제로

김태윤 지음

길벗
이지:톡

모국어처럼 유창한 영어 말하기의 시작

스피킹 매트릭스 제로
Speaking Matrix 0

초판 1쇄 발행 · 2020년 8월 10일
초판 2쇄 발행 · 2020년 9월 15일

지은이 · 김태윤
발행인 · 이종원
발행처 · (주)도서출판 길벗
브랜드 · 길벗이지톡
출판사 등록일 · 1990년 12월 24일
주소 · 서울시 마포구 월드컵로 10길 56(서교동)
대표 전화 · 02)332-0931 | **팩스** · 02)323-0586
홈페이지 · www.gilbut.co.kr | **이메일** · eztok@gilbut.co.kr

기획 및 책임편집 · 임명진(jinny4u@gilbut.co.kr), 김대훈 | **디자인** · 황애라 | **제작** · 이준호, 손일순, 이진혁
영업마케팅 · 김학흥, 장봉석 | **웹마케팅** · 이수미, 최소영 | **영업관리** · 김명자, 심선숙 | **독자지원** · 송혜란, 홍혜진

편집진행 및 교정교열 · 강윤혜 | **전산편집** · 이현해 | **일러스트** · 정의정
오디오녹음 · 와이알미디어 | **CTP 출력 및 인쇄** · 예림인쇄 | **제본** · 예림바인딩

ISBN 979-11-6521-141-7 04740 (길벗도서번호 301054)

이 도서의 국립중앙도서관 출판사도서목록(CIP)은 서지정보유통지원시스템 홈페이지(http://seoji.nl.go.kr)와
국가자료공동목록시스템(http://www.nl.go.kr/kolisnet)에서 이용하실 수 있습니다. (CIP제어번호: CIP2020016206)
© 김태윤, 2020

정가 12,500원

독자의 1초를 아껴주는 정성 길벗출판사

길벗 | IT실용서, IT/일반 수험서, IT전문서, 경제경영서, 취미실용서, 건강실용서, 자녀교육서
더퀘스트 | 인문교양서, 비즈니스서
길벗이지톡 | 어학단행본, 어학수험서
길벗스쿨 | 국어학습서, 수학학습서, 유아학습서, 어학학습서, 어린이교양서, 교과서

페이스북 · www.facebook.com/gilbuteztok
네이버 포스트 · http://post.naver.com/gilbuteztok
유튜브 · https://www.youtube.com/gilbuteztok

당신이
이미 가지고 있는 영어 말하기 능력!

이것은 지난 21년 동안 제가 영어를 가르치면서 얻은 가장 귀한 깨달음입니다. 가장 신나는 깨달음입니다. 제가 늘 들어왔고, 많은 사람이 상식처럼 받아들인 말, "한국인은 영어를 못 해."와 정반대의 '사실'이었습니다. '아니 다들 왜 이렇게 잘하는 거지?' 처음엔 제가 잘 가르쳐서 그런 줄 알았습니다. '역시, 나의 탄탄한 이론과 강사 경험이 빛을 발하는군.'과 같은 자부심이 하늘을 찔렀지요. 하지만, 시간이 더 흐르자 그동안 몰랐던 중요한 사실을 깨달았습니다. 바로, **한국인들 모두 이미 말하기를 제대로 하는 능력을 갖추고 있다**는 것입니다. 제가 한국인들에게 없던 능력을 심어준 것이 아니라, 이미 우리가 가지고 있는 능력이었는데, 이를 잊고 살다가 제가 그 능력을 다시 쓸 수 있도록, 그 능력을 우리가 이미 갖고 있다는 것을 알려주는 '안내자' 역할을 한 것에 지나지 않음을 깨닫게 된 것입니다.

저는 구글코리아 임원분들처럼 영어를 아주 잘하는 한국인들부터, 평생 영어 말하기는 완전히 남의 이야기로 여기며 살다가 57세가 되어 베트남에서 사업을 하기 위해 영어 말하기를 시작해 각종 미팅을 직접 영어로 진행하게 된 보안 분야의 유명한 연구원에 이르기까지 다양한 수준의 직장인들을 가르쳐 왔습니다. 이런 다양한 수준의 성인들을 가르친 것은 행운이었습니다. 학원 등에 소속되어 있었다면 저는 한정된 레벨만을 가르쳤을 것이고 그러면 저의 이해는 제가 가르치는 레벨의 학생들에게만 한정되었을 테니까요. 다행히, 다양한 레벨의 학생들을 가르치게 되었고 어느 순간 저는 한국인 공통의 현상을 깨달을 수 있었습니다. 그리고 대학생과 취준생은 이전에 학원에서 많이 가르쳐봤기에, 성인은 대학생부터 직장인까지 유사하다는 것을 알게 되었습니다. 그렇다면 그 현상이 어린 학생들에게도 일어나는지 알고 싶었습니다. 그래서 우리 아이들을 포함하여 초등학교 4학년, 5학년 학생들을 2년 동안 지도했고 '일단 모국어가 완전히 자리잡혀 버린 이후에는 연령을 불문하고 모든 한국인에게 공통된 현상이다'라는 결론을 내리게 되었습니다.

제가 현장에서 직접 목격한 그 기적처럼 보이는 현상은 실제로 보고 겪지 않으면 도저히 믿을 수 없는 일이었습니다. 그리고 수없이 겪고 확신이 생기고 이제는 저에게 상식처럼 느껴지는데도 지금도 여전히 수업에서 그 현상을 목격할 때마다 등 뒤로 전율이 느껴집니다.

책을 통해 더 많은 분이 경험할 수 있게 하고 싶었습니다. 그런데 막상 텍스트로 구현하려니 쉽지 않더군요. 1년 가까이 원고를 썼다 지우기를 반복했습니다. 그러던 어느 날, 하늘이 도우셨는지 강력한 아이디어가 떠올랐고 그 순간부터는 막힘없이 집필을 할 수 있었습니다. 그리고 너무나 다행스럽게도 제가 목격한 그 숱한 현상을 교재에 고스란히 담아낼 수 있었죠. 실제로 그 현상은 여러 복잡한 단계를 거쳐서 일어나지만, 여러분은 굳이 그 복잡한 과정을 따르는 수고를 할 필요가 없습니다. 여러분은 그저 이 책의 어느 한 페이지를 보고 있기만 해도 됩니다. 아마 한 번에 느낄 것입니다. 왜냐하면, 여러분은 이미 그 능력을 갖췄기 때문입니다. 이 책을 펴고 아무 페이지나 보고 있는데 왠지 '편하다'는 느낌을 받았다면, 여러분 안에 잠자던 그 능력이 켜진 것입니다. 왠지 '할 만한데?', '이거 쉬운데?'라고 느꼈다면 그 능력은 이미 작동하기 시작한 것입니다. 여러분이 왠지 '재밌는데?'라고까지 느꼈다면 그 능력은 벌써 신나게 돌아가고 있는 것입니다.

영어 말하기가 쉽고 재미있어지는 현상, 그것을 일으키는 그 능력은 이미 여러분 안에 있습니다. 그 능력은 내버려만 두었어도 꺼지지 않았을 것입니다. 그냥 알아서 잘 돌아가 여러분은 영어 말하기를 잘했을 것입니다. 문제는 그 능력이 꺼졌다는 데 있습니다. 더 정확히 말하면, 누군가 그 능력을 꺼버렸다는 데 있습니다. 그 능력을 끈 것은 여러분 자신이 아닙니다. 다행히, 그 능력을 다시 켜는 것은 여러분 스스로 얼마든지 할 수 있는 일입니다. 이 책은 그저 여러분이 그 능력을 다시 켤 수 있도록 돕는 '안내자' 역할을 할 뿐입니다.

근원적인 여러분의 능력, 누군가가 여러분에게 영어에 관해 뭔가를 하기 이전의 원초적인 능력. 아직 발현은 안 되었지만 모든 것을 완벽히 기적처럼 수행할 잠재력. 숫자 1, 2, 3처럼 현실의 수면 위로 떠오르지 않았을 뿐, 이미 가지고 있는 능력이라는 점에서,

이 능력은 '숫자 0'(영, 제로)의 상태입니다.

스피킹 매트릭스 0 제로

더 신나는 일은, 이제까지 영어 말하기를 하면서 쌓였던 그 모든 고생과 부작용들은, 여러분이 이미 가진 '0'이 커지면서 급격하게 여러분의 영어 말하기에 도움을 줄 것입니다. 여러분이 보낸 시간 중에 헛된 시간이라는 것은 없습니다. 제대로 된 능력이 커지는 순간, 그동안의 부정적인 요소들은 모두 거름이 되어 여러분의 나무가 크게 뻗어가서 열매를 맺는 자양분이 됩니다. 여러분이 그동안 영어에 쏟은 모든 노력은 이 능력, '스피킹 매트릭스 제로'가 작동하는 순간 모두 원위치되어 여러분을 도울 것입니다. 그것은 덤입니다.

여러분이 할 일은 간단합니다. 그 능력을 사용할 것을 '선택'하는 것뿐입니다. 혹시 이 책을 사지 않아도 그 능력을 사용하는 것은 얼마든지 선택할 수 있습니다. 이 책의 아무 페이지나 열고 보세요. 그리고 그 왠지 모를 '편안함', '쉬운 느낌', '재미'를 느낀다면 여러분은 이미 선택한 것입니다.

여러분도 얼마든지 그 신기한 현상을 경험하게 됩니다.
능력을 사용하기로 선택한 순간, 이미 그 신기한 현상을 경험하기 시작한 것입니다.

이 책을 세상에 나오게 해주신 길벗이지톡 출판사와 제 아이디어를 처음부터 귀하게 여겨주시고 거칠었던 아이디어를 가다듬고 함께 보석으로 만들어주신 편집진들께 진심으로 깊은 감사의 말씀을 전합니다. 항상, 저의 가장 큰 스승이신 그동안의 모든 제 학생분들께 크나큰 감사를 전합니다. 이 모든 것을 가능하게 하는 저의 사랑하는 순, 규리, 관용이에게 사랑을 전합니다.

2020년 7월
김태윤

한국인이 영어를 말할 때 머릿속에서 일어나는 사고의 진행 과정을 한 장의 그림으로 응축해낸 것이 스피킹 매트릭스(Speaking Matrix)입니다. 이 책의 모든 콘텐츠와 훈련법은 스피킹 매트릭스를 기반으로 각각의 프로세스를 원활히 하는 데 초점을 맞춰 제작되었습니다.

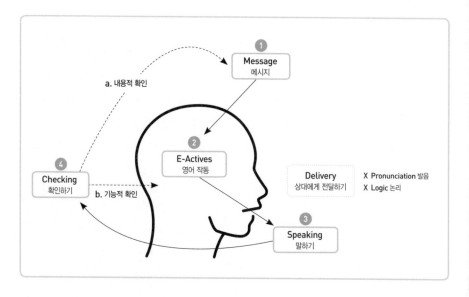

지금부터 스피킹 매트릭스의 각 단계가 어떤 식으로 흘러가는지, 단계마다 어떤 식으로 훈련하는 것이 효과적인지 차근차근 설명해 드리겠습니다.

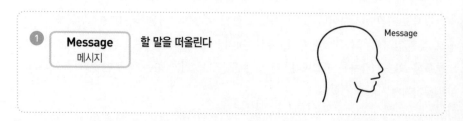

말하기의 가장 기본적인 전제는 어떤 할 말이 떠오른다는 것인데, 바로 이 할 말이

Message에 해당합니다. 말하고자 하는 '의도'라고 할 수 있습니다. 이 '의도'가 자연스럽게 올라오도록 기다려 주는 것, 이 '의도'가 올라오고 나서 그다음 과정을 진행하는 것이 매우 중요합니다. 이는 자연 질서 그대로의 말하기이며, 끊어 말하기로 가능해집니다. 한 단어 한 단어, 또는 표현 덩어리 덩어리 끊어 말하기는 스피킹의 가장 중요한 습관입니다. 그리고 여러분이 '문장강박'에서 벗어나 자유롭고 편한 영어 스피킹으로 가는 유일한 길이기도 하고요.

Message는 상황에 따라 좀 달라집니다. 때로는 아주 큰 이야기 덩어리일 수도 있고, 때로는 한 단어 수준으로 하나의 개념이 되기도 합니다. 이를 한 번에 말하면 '의도'라고 할 수 있습니다. 자기가 하고자 하는 말의 의도가 생기는 것이죠. 그 의도 자체를 Message라고 보셔도 좋습니다. 영어를 처음 할 때는 우리 머릿속에서 일단 모국어, 즉 한국어가 무의식적으로 진행되기 때문에 이 Message 자리에 한국어가 와서 기다리고 있는 경우가 대부분일 것입니다. 그래서, 영어 말하기가 숙달되지 않은 상태에서는 이 Message 부분이 거의 한국어 단어 또는 표현, 또는 문장이 되는 것은 자연스러운 일입니다. 하지만, 점점 시간이 지날수록, 즉 영어 말하기를 자꾸 진행해 숙달될수록 원래의 기능, 즉 '의도'가 더 강력한 작동을 하게 됩니다.

한 가지 신경 쓸 것은, 처음부터 긴 내용의 Message를 처리하는 것은 힘들어서 떠오르는 내용을 아주 짧게 만드는 것이 유리하다는 점입니다. 처음에는 떠오르는 것을 한 단어로 아주 짧게 만드세요. 단어로 짧게 영어로 말하는 것은 그래도 할 만한 일입니다. 그러다 좀 익숙해지면 약간 큰 덩어리(chunk)도 진행이 됩니다. 의미 덩어리는 점점 더 커져서 어느덧 긴 이야기도 할 수 있게 됩니다. 그러니 처음엔 한 단어씩 짧게 만들어주는 것이 당연하고 매우 수월하며 누구나 할 만한 작업이 되는 것이죠. 단어-단어, 덩어리-덩어리 끊어서 말하는 것은 첫 과정부터 수월하게 만들어 줍니다.

메시지를 표현할 영어를 떠올린다

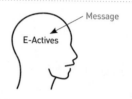

하고자 하는 말, Message에 해당하는 영어를 떠올리는 작업입니다. 처음엔 당연히 그 해당하는 단어나 표현을 찾는 데에 시간이 걸리겠죠? 영어 말하기를 할 때, 어떤 단어가 당장 떠오르지 않으면 너무 당황하고, 무슨 죄지은 사람처럼 긴장하고 눈치를 보게 되는데, 이 모두가 다 강박일 뿐입니다. 처음엔 하나하나의 단어를 찾는 데 시간이 걸린다는 것을 아주 당연하게 여겨야 합니다. 단어를 찾는 시간, 즉 아무 말을 하지 않는 시간을 아주 여유롭게 생각할 필요가 있습니다. 당연히, 점점 시간이 지날수록 시간이 짧게 걸립니다. 점점 원활해지는 것이죠. 아주 원활해져서 거의 자동적으로 떠오르는 영어 단어나 표현을 E-Actives라 합니다. * 여기서 E는 English(영어)입니다.

영어 말하기에 능숙한 사람은 E-Actives가 작동합니다. 즉 우리말보다 영어가 앞서 떠오르는 것이죠. 우리말 개입이 거의 일어나지 않고, 때로는 영어가 우리말에 영향을 주기도 합니다. 영어 표현에 숙달됐을 뿐 아니라 표현 방식도 영어식으로 발달해 있는 상황이죠.

한 가지 주의할 점은, 아무리 머릿속에 영어로 된 표현이 금방 떠올랐다고 하더라도, 이를 그대로 읽듯이 한 번에 죽 내뱉는 습관을 지양해야 한다는 것입니다. 한 덩이로 후루룩 말해버리게 되면 소리가 뭉쳐서 자칫 상대방이 못 알아들을 수 있습니다. 한국인에게는 발음보다 중요한 것이 '끊어 말하기'입니다. 머릿속에 영어가 덩어리로 떠올랐다고 하더라도 말을 할 때는 한 단어씩 천천히 의미를 두고 말하는 습관을 들여야 합니다. 그래야 같은 표현이라도 더 의미 있게 전달할 수 있고, 상대방도 더 잘 알아듣게 됩니다. E-Actives가 먼저 떠올랐다고 하더라도, 한 단어 한 단어 끊어 말하는 것은 여전히 중요합니다.

③ Speaking 말을 한다
말하기

Message
E-Actives
Speaking

이런 진행 과정을 거쳐 구성된 말을 내뱉는 단계입니다. 이때 발음(pronunciation)과 논리(logic)는 상대방에게 내용을 전달(delivery)할 때 그 효과를 배가시켜 줍니다. 아무래도 발음이 정확하고 말이 논리적이면 내용 전달에 더 효과적이겠지요. 하지만 발음의 경우, 다소 부정확하더라도 말하는 내용의 전체 맥락에서 어느 정도 이해할 수 있으므로 의사소통에는 사실상 큰 문제가 되지 않습니다. 그러나 논리의 경우는 다릅니다. 여기서 말하는 논리란 말의 흐름이 자연스럽고 상황을 구체적으로 표현해서 상대방이 뚜렷하게 이미지를 떠올릴 수 있는 정도를 말합니다. 전달하고자 하는 말이 두서가 없거나 앞뒤 흐름이 이어지지 않거나 근거가 부족한 경우라면 상대방이 이해하기가 힘들겠지요.

특히, 떠오른 단어나 표현을 말하고 난 다음에는 반드시 '끝나는 감각'을 가져야 합니다. '이 말을 하고 나는 일단 끝난다'는 감각을 갖는 것은 모든 영어 말하기 프로세스에 있어서 가장 핵심입니다. 이것이 스피킹보다 리딩 중심의 언어 활동, 즉 말하기도 입보다 눈으로 더 많이 접해서 생긴 한국인의 '문장강박'에서 벗어나는 길입니다. 또한, 원래 영어 말하기의 자연 질서로 원위치시키는 길이기도 합니다. 일단 말을 끝내놓고, 다음 할 말은 천천히 생각하겠다는 여유를 가지세요. 자신을 믿고 자신의 뇌를 믿고 기다리면, 나머지 과정은 알아서 진행됩니다. 지극히 자연스럽고 편안한 형태로 말이죠.

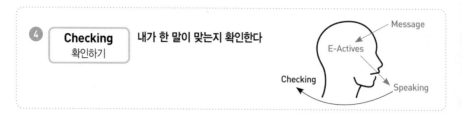

④ Checking
확인하기 | 내가 한 말이 맞는지 확인한다

말을 하고 난 다음에는 방금 한 말이 자기가 원래 하려던 말인지 확인하는(checking) 과정이 진행됩니다. 이는 본능적으로 일어나는 과정이므로 말하는 사람이 미처 인지하지 못할 수도 있습니다. 하지만, 머릿속에서 아예 영작을 다 하고 난 다음 이를 읽는 식의 복잡한 프로세스를 가진 상태에서는 이 당연하고 본능적인 과정이 생략되어 버립니다. 자기 말을 듣지 않고 정신없이 계속 진행하게 되는 것이죠. 리딩 중심의 언어 활동, 즉 리딩하듯 스피킹을 하는 것은 이렇게 힘들고 복잡하고 말도 안 되는 상황으로 이어지는 폐단이 있습니다. 스피킹이 원활하게 진행되지 못하는 것은 당연한 결과입니다. 이 모든 어려움과 폐단을 해결하는 방법은 바로 '일단 자기가 한 말을 듣는 것'입니다. 당연히 한 문장을 후루룩 내뱉지 말아야 합니다. 한 단어, 또는 하나의 의미 덩어리(청크) 정도만 말하고 끝내놓은 다음, 자기가 한 말을 들어야 '문장강박'에서 벗어난 편하고 쉬운 영어 말하기 프로세스가 진행됩니다.

여기서 확인(checking)은 내용적인 확인과 기능적인 확인으로 나뉩니다.

4a. 내용적인 확인 | 말할 내용을 제대로 전달했는지 확인한다

내용적인 확인은 거의 본능적으로 순식간에 이루어지기 때문에 대부분 의식하지 못하지만, 스피킹에서 매우 중요한 단계입니다. 말하는 도중 딴생각을 하거나 주의가 다른 데 가 있으면 자신이 의도했던 말과 다른 말을 해도 눈치채지 못하는 상황이 벌어지게 됩니다. 그런 경험 한두 번쯤은 있을 텐데요. 내용적인 확인이 제대로 진행되지 않았을 때 일어나는 상황입니다.

4b. 기능적인 확인 | 문법, 표현, 어휘가 정확했는지 확인한다

오류 검토 작업이 이루어지기도 하고, 더 나은 표현이 떠오르기도 하는 등 다양한 상황이 벌어집니다. 그리고 오류를 알아차리는 순간 말을 반복하거나 정정하거나 다른 표현을 말하기도 합니다. 이 단계에서 잘 조정하면 말하기 흐름을 바로 원활하게 고쳐나갈 수 있습니다.

스피킹이 능숙한 사람은 내용적인 확인과 기능적인 확인이 동시에 진행됩니다. 반대로 스피킹이 익숙하지 않은 사람은 이 과정이 동시에 진행될 때 머리에 쥐가 나고 말문이 막히게 됩니다. 오류에 신경 쓰면 다음 말이 떠오르지 않고, 내용에 신경 쓰면 오류가 나는 것이죠. 하지만 걱정할 필요는 없습니다. 이는 여러분이 유창한 스피킹으로 가기 위해 거쳐야 하는 당연한 과정이니까요.

이렇게 확인 작업이 끝나면 다음에 할 말, 다음 의도, 즉 다음 Message가 떠오릅니다. 그리고 위의 과정이 반복해서 진행됩니다. 이 과정이 계속 원활하게 진행되는 것, 이것이 바로 자연 질서의 영어 말하기가 진행되는 과정, Speaking Matrix입니다.

나에게 맞는 공부법으로 영어에 흥미와 열정을 느끼다!

— 구글 글로벌 커뮤니케이션 디렉터 Lois Kim, 정김경숙 —

8년 전 김태윤 선생님과 영어 공부를 시작하면서 '아 영어가 되는구나!'를 느끼면서 지금까지 흥미와 열정을 잃지 않고 노력해오고 있습니다. 특히 작년에 미국 본사로 근무지를 옮기면서 영어는 그냥 생활이 되었고, 그동안 김태윤 선생님과 책으로 함께 공부했던 내용이 저도 모르는 새 불쑥불쑥 나와서 신기하기도 합니다. 각자 본인에게 맞는 다양한 공부법이 있을 텐데요. 저처럼 자기에게 맞는 방법을 찾았다면(!) 무엇보다 꾸준히 하는 게 중요하다고 생각합니다.

영어 스피킹이 이렇게 빨리 늘 수 있다니!

— ㈜ 지란지교 대표 오치영 —

학창 시절에는 다른 나라 언어를 배우는 게 그냥 싫었습니다. 그런데 사회에 나오니까 영어는 글로벌인이 되기 위해 필수인 것 같더군요. 그래서 열심히 공부했습니다. 하지만 듣기는 웬만큼 되어도 스피킹이 도무지 늘지 않았습니다. 이때 만난 분이 김태윤 선생님입니다. 영어 스피킹이 이렇게 빨리 늘 수 있다니 정말 놀라웠습니다. 이 책을 통해 여러분도 제가 그때 느낀 놀라움을 경험해 볼 수 있기를 바랍니다.

내가 과연 영어가 될까? 물음표를 느낌표로 바꾸다!

— 스타트업계 최고의 PR 렌딧 홍보총괄이사 꼬날 이미나 —

'내가 과연 영어 말하기가 될까?'라는 물음표(?)를 '나도 할 수 있다!'는 느낌표(!)로 바꿔준 이 희한한 경험을 많은 분들과 공유할 수 있어서 기쁩니다. 김태윤 선생님과 스피킹 매트릭스를 통해 영어 벙어리가 입을 열었습니다. 과거 부족했던 영어 실력이 부끄럽지 않은 것은 현재의 달라진 제 모습 때문이겠죠. '내가 할 수 있을까?' 망설이지 말고 도전하세요. 이 책과 함께라면 여러분은 해낼 수 있습니다!

끊어 말하기를 통해 소통하고 교감하는 영어로!

— ㈜ 구글코리아 법무팀 한동영 —

김태윤 선생님과 수업하면서 '끊어 말하는 여유를 통해 영어 울렁증을 극복하고 스피킹 전달력도 강화할 수 있다'는 교훈을 얻었습니다. 특히 의사 표현의 핵심인 동사 부분이나, 말이 막힐 것 같은 순간에 멈추는 방법이 도움이 되었습니다. 예전에는 말 자체를 이어가는 데만 급급했다면, 끊어 말하기를 통해 영어로 말할 때 상대방 관점에서 메시지 전달에 중점을 두어 말할 수 있었습니다. 실제로 이런 접근방식 덕분에 외국인 동료들과 좀 더 깊이 있는 의사소통이 가능했고 공감적 반응을 얻는 경험도 할 수 있었습니다. 스피킹 매트릭스의 끊어 말하기 훈련은 일상대화는 물론 비즈니스 영어를 사용하셔야 하는 분들께 강력히 추천합니다.

스피킹 매트릭스를 통해 대한민국의 글로벌 인재가 되라!

— ㈜ 로킷헬스케어 연골/생체필러 사업부 부사장 조윤성 —

전 세계 면적 0.0002%의 작은 나라. 스포츠, 예술, 과학, 경영을 막론하고 Top Class에 올라섰고 국가 GDP 중 80%가 수출인 나라. 하지만 아이러니하게도 이토록 글로벌한 대한민국 국민들에게 왜 글로벌 언어인 영어를 말하는 것은 당연하지 않을까? 태윤 선생님과의 수업을 통해, 이는 우리가 특별히 능력이 부족해서가 아니라 그동안 '자연스러운 말하기를 방해하는 방식으로 영어를 공부했기 때문'이라는 사실을 알게 되었다. 처음 영어를 시작할 때만 해도 영어로 문장은커녕, 단어 하나 제대로 못 뱉던 내가 한국 IBM에 신입공채로 입사하고, 지금은 국제 학회에 나가 영어로 발표하여 수상하고, 전 세계 사업파트너들과 주저 없이 대화한다. 이는 자연 질서를 따르는 말하기 철학을 고수했던 선생님의 스피킹 매트릭스 훈련이 없었다면 불가능했을 것이다. 이번 〈스피킹 매트릭스 시리즈〉 개정판은 더욱 발전된 훈련법을 담고 있어 기대가 큰데, 그 시리즈의 가장 첫 출발점이 되는 이론과 훈련이 바로 이 『스피킹 매트릭스 0』이다. 모쪼록 많은 분들이 스피킹 매트릭스를 통해 진정한 글로벌 인재가 되는 데 도움을 받으면 좋겠다.

{ 이 책은 크게 두 개의 Part로 구성되어 있습니다. Part 1은 원활한 영어 스피킹을 위한 마인드 세팅을,

SPEAKING MATRIX 0

PART 1 {이론편} 영어 스피킹 마인드 세팅

원활한 영어 스피킹을 시작하기 위해 당신이 버려야 할 습관과 꼭 기억해야 할 정보를 알려줍니다. 핵심만 간단하게 정리했으니 본격적인 훈련에 앞서 부담 없이 읽어 주세요.

+ MP3파일 활용법

PART 2 실천편은 MP3파일과 함께 학습해야 합니다. MP3자료를 준비해 주세요.

MP3파일 학습자료

콕 찍기만 해도 그냥 듣기만 해도 외워지는
스피킹 훈련용 MP3 파일
이 책에 나오는 모든 예문은 MP3파일과 QR코드를 통해 확인할 수 있습니다.

혼자 공부하기 외로운 분들을 위한
스피킹 전문 강사의 해설 강의
경력 21년의 전문 영어 강사가 스피킹 훈련 시 유의사항들을 하나하나 짚어 줍니다.

다운로드 및 활용법

❶ QR코드로 확인하기

스마트폰의 QR코드 리더기로 각 DAY 부분의 QR코드를 스캔하세요. MP3파일 메뉴를 터치하면 음성 자료를 바로 들을 수 있습니다.

❷ 길벗홈페이지 다운로드

www.gilbut.co.kr에서 도서명을 검색하세요. 도서정보 내 '자료실'에서 MP3듣기와 다운로드가 가능합니다.

Part 2는 50일 스피킹 훈련으로 잘못된 영어 말하기 프로세스를 올바르게 원위치합니다.

SPEAKING MATRIX 0

PART 2 { 실천편 } 50일 영어 스피킹 훈련

Day별로 영어식 사고로 전환하는 연습을 하는 INPUT, 혼자서 영어로 말해보는 OUTPUT의 과정으로 이뤄져 있습니다.

INPUT { 연습 } 영어식 사고 훈련

우리말을 영어의 어순과 표현으로 적절히 바꿔가며 단어-단어 끊어 말하기에서 의미 단위의 청크로 연결한 후 온전한 문장으로 연결하는 훈련을 합니다.

INPUT 《연습》 영어식 사고 훈련 🎧 01-1.mp3	Step 1 단어-단어 말하기 훈련			Step 2 청크 연결 훈련			Step 3 문장 훈련
	할 말 떠올리기	영어로 바꾸기	말하고 확인하기	할 말 떠올리기	영어로 바꾸기	말하고 확인하기	문장 완성하기
나는 직장에 있다.	나는 있다 어디냐면 콕 찍어 직장에	I am at work	🔊 나는 🔊 있다 🔊 어디냐면 콕 찍어 🔊 직장에	나는 있다 직장에	I am at work	🔊 나는 있다 🔊 직장에	나는 직장에 있다. 🔊 I am at work.
고양이 한 마리가	하나의 고양이가 있다	A cat is	🔊 하나의 🔊 고양이가 🔊 있다	고양이 한 마리가 있다	A cat is	🔊 고양이 한 마리가 있다	고양이 한 마리가 상자 안에 있다.

OUTPUT { 실전 } 영어로 말하기

이번에는 여러분이 스스로 말해볼 차례입니다. 처음에는 단어-단어 끊어 말하고 나서 점점 청크와 문장으로 길게 연결해서 말하세요. 의미 단위로 끊어 생각하고 말하는 과정에서 {메시지〉영어작동〉말하기〉확인하기}라는 영어 스피킹 프로세스가 자연스럽게 이뤄집니다.

OUTPUT 《실전》 영어로 말하기 🎧 01-2.mp3	Step 1 한 단어씩 말하기		Step 2 청크로 말하기		Step 3 문장 말하기
	할 말 떠올리기	영어로 말하고 확인하기	할 말 떠올리기	영어로 말하고 확인하기	혼자 말하기
I am at work.	나는 있다 어디냐면 콕 찍어 직장에	🔊 🔊 🔊 🔊	나는 있다 직장에	🔊 🔊	나는 직장에 있다.

차례 : Contents

스피킹
매트릭스 0
PART 1

영어 스피킹
마인드 세팅

당신은 이미 영어 스피킹 능력을 갖추고 있습니다. 그런데 왜 그동안 제대로 말하지 못했던 것일까요? 원활한 영어 스피킹을 시작하기 위해서 여러분이 반드시 버려야 할 습관과 기억해야 할 정보들을 담았습니다. 본격적인 훈련에 앞서 읽어 주세요.

우리는 리딩만 너무 많이 했습니다.

스피킹을 리딩처럼 한다.

리딩 중심의 언어 활동

가장 큰 문제는, 하나의 문장은 중간에 끊어지면 안 된다는 강박, 즉 문장 강박입니다.

It's quite normal to drink coffee after lunch.

점심식사 후에 커피를 마시는 것은 꽤 일반적인 일이다.

문장 강박
문장 하나가 하나의 덩어리로 인식된다.

그래서 영어로 말할 때 머릿속으로 영작한 다음 읽는 식이 됩니다.

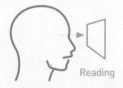

Reading

머릿속으로 영작한 후 읽기

언어는 원래 스피킹 중심으로 진행되어야 합니다.

Listening

Speaking ············ 리딩도 스피킹처럼 한다.

Reading   Writing

스피킹 중심의 언어 활동

단어 단어가 맞물리면 덩어리가 됩니다.

It's   quite   normal

↓

It's quite normal

단어 단어의 맞물림

덩어리 덩어리가 맞물리면 문장이 됩니다.

It's quite normal   to drink coffee   after lunch

↓

It's quite normal to drink coffee after lunch.

덩어리 덩어리의 맞물림

그래서 영어로 말할 때 스피킹 중심의 프로세스가 원활히 진행됩니다.

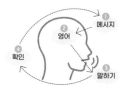

스피킹 중심의 언어 활동

01

리딩 중심의 사고에서
벗어나기

그동안 우리는 리딩만 너무 많이 했습니다. 우리나라 사람들은 '영어' 하면 일단 읽기를 많이 합니다. 그나마 초등학교 때는 여러 보조 도구들을 이용해 영어를 다각도로 접하지만, 중학교 고등학교 과정을 거치면서 수험 영어에 치중하다 보니 어느 순간 리딩 실력을 고도화시키는 데 매몰되어 있죠. 자연스레 읽기 중심의 사고가 머릿속에 자리잡게 됩니다. 모두가 경험하는 것이니 잘 아실 겁니다. 우리나라 사람들이 영어 말하기를 할 때 그토록 극심하게 고생하는 것은 바로 이 지점에서 출발합니다.

리딩 중심의 언어 활동

스피킹을 리딩처럼 한다.

리딩부터 시작한, 혹은 리딩에 길들여진 우리는 영어로 뭘 하든지 간에 리딩이 중심에 턱 자리잡고 있습니다. 이렇게 습관이 잡혀버린 사람은 리스닝을 할 때도 리딩처럼 합니다. 뭔가를 들을 때에도 머릿속으로 그 들은 내용이 글로 정리가 되고 난 다음, 이를 읽고 나서야 그 뜻을 파악 하게 되는 식이죠. 지금 이 현상도 아마 다들 겪어보았으리라 생각합니 다. 이 때문에 우리에게 영어 청취는 뒤죽박죽 죽도록 고생스러운 과정 이 되어버립니다. 이와 똑같은 현상이 스피킹할 때에도 일어납니다. 뭔 가 영어로 말을 하려고 하면 거의 무의식적으로 리딩에 의존하게 됩니 다. 읽을 문장이 필요한 것이죠.

즉, 뭔가 할 말이 생기면 일단 모국어로 떠오른 그 문장을 그대로 영어 문장으로 만든 다음 이 완성된 문장을 입 밖으로 읽는 과정이 진행됩니다. 밖에서 보면 입을 움직여 소리 내어 뭔가를 말하고 있으니 그냥 말하고 있나 보다 싶지만, 실제로 안에서 일어나는 일은 영작한 문장을 그저 읽고 있는 셈입니다. 실제 말을 한다는 것과는 많은 차이가 나겠죠? 당연합니다. 아무 감정 없고(그나마 실을 수 있는 감정이라곤 오로지 긴장감뿐!) 하나하나 재빨리 읽어버리기에 급급합니다. 이렇게 진행하는 본인은 머릿속이 정신이 없죠. 지금 뭐라고 하는지 자기 자신도 잘 모를 때가 많습니다. 이를 듣고 있는 사람은 더 정신이 없습니다. 뭔가 말을 하고는 있는데, 의미가 이리 뭉치고 저리 뭉쳐서 듣기가 매우 힘듭니다. 제대로 말을 하고 있지 않으니 제대로 된 대화가 이루어질 턱이 없죠.

이런 리딩 중심의 과정은 아무리 익숙해져 원활하게 돌아가도 말하는 사람은 여전히 부담을 잔뜩 안고 말할 수밖에 없습니다. 편할 날이 없는 거죠. 언제까지 이렇게 긴장감으로 가득 찬, 그래서 웬만하면 뒤로 발을 빼게 되는 상황과 마주해야 할까요? 이제는 좀 즐기는 대화 속으로 빠져들고 싶지 않으세요?

02

머릿속으로
영작하는 습관 버리기

영어로 말할 때 머릿속으로 영작한 다음 읽는 식! 리딩 중심의 언어 활동은 말하는 것이 아니라 영작한 다음 읽고 있는 것입니다. 모국어는 무의식적으로 순식간에 진행되는 것이니, 뭔가 할 말이 생기면 순식간에 이미 진행이 끝나버립니다. 그것은 당연하고 자연스러운 것이죠.

'금요일까지 끝내야 해.'라는 말은 순식간에 머릿속에서 이미 진행이 되어버립니다. 문제는 지금부터죠. 우리말은 '금요일'부터 나왔으니 갑자기 Friday 떠오르고, 이때 '까지'는 until인지 by인지, '끝내야 해'는 일단 finish가 떠오르고 그 다음은… 그리고 나서 영작이 하나씩 진행됩니다. 일단 '나'니까 I, '해야' 하니까 have to, '끝낸다'는 말은 finish, '까지'는 여기서는 완료니까 by, 그래서 I have to finish by Friday. 정도가 일단 영작이 됩니다.

이렇게 머릿속으로 영작이 되고 난 다음에 이 문장을 또 여러 차례 확인합니다. 틀리는 것 없이 아주 완벽해야 입 밖으로 뱉었을 때 창피당하지 않게 되거든요. 벌써 이 정도면 시간은 많이 흘러갔습니다. 영작한 문장을 여러 번 검토한 후에 드디어 입 밖으로 이 문장을 읽습니다.

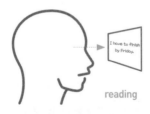

머릿속으로 영작한 후 읽기

이런 식으로 영어 말하기를 이어간다는 것은 너무도 부하가 많이 걸리는 작업입니다. 복잡하기 이를 데 없죠. 원래대로의 말하기보다 3~4배는 더 힘든 과정, 아니 그 이상 복잡하고 어려운 과정이라고 할 수 있습니다. 만약 이런 기술이 필요한 특정 직업군이 있다면 그 전문가들만 따로 훈련해야 하는 아주 특수한 기술일 것입니다. 일반 사람들은 이렇게 진행할 필요가 전혀 없어요.

◆ ◆ ◆

다시 말해, 한국인들이 영어 말하기를 못 하는 것이 아니라, 한국인들은 영어 말하기를 못 하도록 교육을 받은 것이나 다름이 없습니다.

03

번역가가
되려 하지 않기

말 한마디 하면서, 마치 번역가가 일일이 고심하면서 번역을 하는 고생을 하고 있지는 않나요? 리딩 중심의 사고로 영어 말하기를 할 때 더더욱 문제가 되는 것은 바로 번역하는 고통입니다. 단순히 알고 있는 단어와 문법을 조합해서 영작하는 수준이 아니라, 마치 번역가가 한 단어 한 단어의 뉘앙스를 그대로 전달하려고 고심하는 고통을 겪게 된다는 것이죠. 번역 작업을 해본 사람들은 알겠지만, 아무리 간단한 말도 막상 우리말로 옮기려고 하면 쉽지 않다는 것을 알게 됩니다. 갈등이 생깁니다.

번역한 내용을 써놓고 나서 보면 원문이 하려던 말인 것도 같고 아닌 것도 같아서 계속 다시 확인하게 됩니다. 번역 자체가 고통스러운 작업입니다. 문장이 쉽든 어렵든 말이죠. 영어를 우리말로 번역할 때도 이런데, 하물며 우리말을 영어로 옮길 때 이런 '번역가의 고통'을 겪고 있으면 어떻게 하고 싶은 말을 편하게 할 수 있을까요?

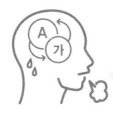

되도록 빨리 끝내야 한다.
I need to get it done quickly.

하아… '되도록'은 영어로
어떻게 말해야 하지?

마치 번역가처럼 고민한다.

이런 고민과 고통이 개입되면 말을 제대로 이어갈 수 없다.

리딩 중심의 사고, 특히 우리는 학교 문법 등에서 맞고 틀리고에 따라 점수가 왔다 갔다 하는 상황에 너무 익숙한지라 뭔가 틀리면 안 된다는 매우 강한 압박을 스스로 갖게 됩니다. 더군다나 서로 말을 주고받는 상황에서는, 내가 말로 내뱉었을 때 틀린 것을 상대방이 바로 알아차리게 되니 이 압박이 극대화되는 것이죠. 문법적으로 단 하나의 오류도 없이, 그리고 번역가처럼 모든 의미를 정확하게 다 실어서 영작을 해야 하니 이건 너무도 큰 고통이 아닐 수가 없습니다.

영어 말하기를 지도하다 보면 말을 못하고 한참 시간만 끄는 경우를 종종 보게 됩니다. 물론 다른 이유에서도 그럴 수 있지만, 이는 대부분 이런 번역가의 고통 때문에 일어나는 현상입니다. 쩔쩔 매고 있는 것이죠.

말 한마디 내뱉는 데 번역가가 될 필요는 없습니다. 완벽하지 않아도 괜찮습니다. 말하고자 하는 내용, 즉 메시지만 전달되면 일단 성공입니다!

04

문장 강박에서
벗어나기

리딩 중심의 영어학습이 가져온 가장 큰 폐단은 바로 '문장 강박'입니다. 문장 강박이란, 일단 대문자로 한 문장이 시작하면 마침표가 찍힐 때까지는 끊어지면 안 된다는 강박이라고 말할 수 있습니다. 다음 문장을 한번 죽 읽어보세요.

문장 하나가 하나의 덩어리로 인식된다.

문장 강박: 하나의 문장은 마침표가 찍힐 때까지 끊어지면 안 된다는 강박

하나의 문장이 죽 이어져 있습니다. 아주 익숙한 상황이죠? 너무 익숙해져 있어서 당연하게까지 느껴지는 이 하나의 문장을 볼 때의 우리의 감각, 바로 거기에 문장 강박이 숨어 있습니다. It's로 시작해서 죽 이어져서 lunch로 끝날 때까지, 무의식적으로 뭔가 계속 이어져야 한다, 즉 끊어지면 안 된다는 강박을 갖게 되는 것이죠. 이 하나의 문장은 하나의 의미 덩어리처럼 인식됩니다. 이 문장 강박이 있어서 우리나라 사람이 영어로 말할 때는 ❶ 하나의 완성된 문장이 준비되기 전에는 아예 입을 열지 못하거나 ❷ 한 번 입을 열어 말을 시작하면 뭔가 계속 이어져야 한다고 스스로를 채찍질하게 됩니다. 하나의 완벽한 이 덩어리가 한 번에 완벽하게 진행되어야 한다는 강박, 끊어지는 것에 대한 두려움이 강하게 깔려 있습니다.

하지만, 중요한 것은 저 말을 할 때 원어민은 처음부터 끝까지 할 말을 모두 짜놓고 죽 말을 하는 것이 아니라는 사실입니다. 그건 영어 원어민이든, 우리 같은 한국어 원어민이든 다 마찬가지입니다. 여러분이 우리말을 할 때 어떤 식으로 말을 하는지를 천천히 차근차근 되짚어 보면 지금

바로 알 수 있는 과정입니다. 원래 자연 질서의 말하기라는 것은 내뱉은 자기 말에 맞게 다음 말을 이어나가는 것이지, 처음부터 문장 하나를 통째로 다 만들어놓고 말하고, 또 문장 하나를 다 만들어놓고 말하고 하는 식이 아니라는 것이죠. 더 작은 의미 덩어리(chunk 청크) 단위로 끊어져야 맞습니다. 아래처럼 말이죠.

It's quite normal
to drink coffee
after lunch.

문장 하나가 3개의 의미 덩어리로 인식된다.

문장 강박 깨짐 = 말하기에 가깝다

크게 3개의 의미 덩어리로 이루어져 있네요. ❶ 그것은 꽤 일반적이다 It's quite normal ❷ 커피를 마시는 것은 to drink coffee ❸ 점심식사 후에 after lunch! 이 3개의 의미 덩어리가 계속 이어지면 하나의 문장이 완성됩니다. 말로 뭔가를 전할 때는 처음부터 문장 끝까지 다 떠올린다기보다는 일단은 It's quite normal까지 말하고, 그 다음 하고 싶은 말 to drink coffee 하고, 또 그 다음 하고 싶은 말 after lunch 하는 식으로 차근차근 진행합니다. 이렇게 하면 각 의미 덩어리가 끝날 때마다 일단 말이 끝나는 듯한 느낌을 갖게 되는데, 이는 전혀 이상한 일이 아닙니다.

옛날에는 종이와 펜 등의 물자가 귀했으니 낭비 없이 계속 옆으로 줄줄 써나갈 수밖에 없었겠죠. 지금 우리가 갖고 있는 문장 강박은 아마 여기에서 시작된 일일지도 모르겠습니다. 요즘은 디지털 시대라 종이 낭비 걱정 안 해도 되니 위의 청크로 나눠진 글들을 쉽게 만나게 됩니다. 아마 처음 글을 쓴 사람들도 상황만 허락했다면 저렇게 최소 의미 덩어리는 나눠서 밑으로 써내려왔을지도 모를 일이죠.

왼쪽에서 시작해서 오른쪽으로 이어지는 사고도 문장에서 온 사고방식, 즉 문장 강박이라고 할 수 있습니다. 영어 말하기를 하다 보면 손이 왼쪽에서 오른쪽으로 가면서 말하는 경우를 종종 볼 수 있습니다. 이것도 결국 문장 강박을 보여주고 있는 셈입니다. 말하기는 왼쪽에서 오른쪽으로가 아니라, 그냥 계속 눈앞에 나타났다 사라졌다 하는 식으로 이어지는 것이 맞습니다.

◆ ◆ ◆

이런 문장 강박을 이미 갖고 있는 우리나라 사람들에게, 문장을 의미 덩어리로 나눠서 보여주고 이를 읽게 하는 것 자체만으로도 큰 효과를 볼 수 있습니다. 일단, 머릿속으로 영작을 한다고 하더라도 자기가 짜야 할 의미 덩어리가 아주 짧아져서 훨씬 수월함을 느끼게 되니까요.

05

두뇌를 스피킹 중심으로
전환하기

원래 언어는 스피킹이 중심에 자리를 잡고 있어야 합니다. 스피킹을 먼저
한 사람은 나머지 모든 언어 활동을 스피킹처럼 합니다. 리스닝이야말
로 스피킹과 완전히 직결되어 있습니다. 남의 말을 듣는다는 작업은 자
기가 들은 소리들을 토대로 자기가 다시 말해봄으로써 그 소리들이 전
달하는 메시지를 파악하게 됩니다. 스피킹을 하는 사람은 리딩을 할 때
도 마치 말하듯이 읽습니다. 이때 가장 큰 차이는 한 번 소리 내어 읽고
나서 바로 그 읽은 내용이 무엇인지 물어보면 내용을 파악하고 있다는

점입니다. 반면, 리딩을 중심으로 했을 때는 한 번 소리 내어 읽었다고 해서 바로 내용 파악이 되지는 않습니다. 보통 내용 파악을 위해 다시 처음부터 천천히 읽어나가는 수순을 밟게 되죠. 어마어마한 차이죠.

스피킹이 중심이 된다는 것은 인간으로서 자연 질서에 부합하는 언어 활동, 그러니까 우리가 원래 그렇게 하도록 되어 있는, 이미 우리 뇌에 있는 장치를 그대로 쓰는 것입니다. 스피킹 중심의 언어 활동은 원래 너무도 자연스러운 것이라, 우리가 아무 방해를 받지 않고 그냥 처음부터 내버려 뒀으면 아마 이 과정을 자연스레 습득했을 것입니다.

스피킹 중심의 언어 활동

리딩도 스피킹처럼 한다.

리딩 중심의 언어 활동과 스피킹 중심의 언어 활동의 가장 큰 차이점은 뭘까요? 바로 '의도'입니다. 리딩 중심의 언어 활동을 하는 사람들은 머릿속에서 떠오른 모국어를 영어로 전환하는 작업을 거치게 되어 있습니다. 즉, 일단 말하기를 진행하는 것은 모국어, 즉 한국어인 것이죠. 이때는 의도가 자연히 개입됩니다. 하지만, 이 완성된 한국어를 영어로 하나하나 옮기는 작업에는 한국어에 매칭되는 단어를 찾거나 이를 연결할 문법 지식이 작동하는 것이지 언어 본질적인 '의도'는 전혀 개입하질 않습니다. 때문에 한국어를 영어로 옮기는 과정에서 원래의 의도는 온데간데없이 잊혀져버리고 기계적이고 작위적인 조합의 과정에만 집중하게 되죠.

◆ ◆ ◆

리딩 중심에서 스피킹 중심으로 전환한다는 것은 영어로 말할 때, 순간순간 계속 '의도'를 갖고 말을 한다는 것과 같습니다.

영어 말하기
프로세스를 이해하기

우리가 영어로 말할 때 머릿속에서 진행되는 과정(영어 말하기 프로세스)을
이해하고 있는 것은 매우 유리합니다. 머릿속에서 어떤 상황이 벌어지는
지를 제대로 이해해야 이에 맞춰서 노력을 해볼 수 있고, 또 문제가 생
겼을 때 어떤 부분 때문인지를 본인이 파악하고 스스로 교정해 나갈 수
있게 되기 때문입니다.

한국인의 영어 말하기 프로세스는 원래 상당히 복잡한 구조를 갖추고 있

지만, 핵심만 정리하면 다음과 같습니다.

❶ **메시지**가 떠오르면

일단 할 말이 떠오릅니다. 여기서 메시지라는 것은 크게는 하나의 이야기일 수도 있고, 하나의 문장일 수도 있으며, 작게는 하나의 표현이나 한 단어일 수도 있습니다. 영어를 처음 하는 사람들은 이 메시지가 거의 우리말이겠죠. 모국어가 순식간에 진행되어 기다리고 있을 테니까요. 점차 시간이 지나면 이 메시지는 그냥 하고자 하는 말의 '의도'가 되어 갑니다.

❷ **영어**로 만들어

떠오른 메시지를 영어로 만드는 과정이 이어집니다. 만약 메시지가 우리말 문장이라면 영작하는 시간을 말합니다. 관련된 단어를 찾아오고, 이를 자기의 문법 지식에 따라 구성해서 하나의 문장을 짜는 작업입니다. 그런데 메시지가 우리말이 아니라면 그냥 의도에 해당하는 말을 순수하게 영어로만 표현하기 위해 구성하겠죠? 개념을 표현할 단어를 찾아오고 이를 순서에 맞게 이어가는 작업입니다.

❸ 이를 **말하고**

준비된 영어를 소리 내어 말합니다. 이때 리딩 중심의 말하기는 읽는 데 급급하여 머릿속에서 힘들게 준비한 영어를 최대한 빨리 읽어버립니다. 단어마다 아무 의미도 아무 감정도 담기지 않고, 영어를 덩어리로 훅 읽어버리기 때문에 소리가 뭉치기 쉬워 잘 알아듣기가 어렵습니다. 스피킹 중심의 말하기는 말하는 단어마다 의미와 감정을 담기 때문에 강약이 생기고 또 완급이 생깁니다. 감정이 실리는데 모든 단어를 똑같은 속도로 후루룩 내뱉을 수가 없습니다.

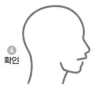

④ 한 말을 **듣는다**

너무 중요한 부분이 바로 이 확인하는 작업입니다. 자기가 방금 내뱉은 말을 반드시 들어야 합니다. 자기가 하려고 했던 말이 맞는지도 확인하고, 문법적인 오류나 또 나아가서는 상대방이 이 말을 들어도 괜찮을까 등등을 다시 생각해보는 시간이 되기도 합니다. 가장 중요한 이유는, 자기가 한 말을 듣기 때문에 다음 할 말의 '의도'가 생긴다는 점입니다.

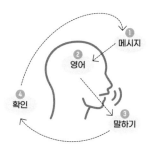

영어 말하기 프로세스

❶ 메시지, 즉 의도가 떠오르고 ❷ 이를 영어로 구성한 다음

❸ 말로 내뱉고 ❹ 내뱉은 자신의 말을 듣고 확인, 그러면 이에 맞는 다음 할 말,

즉 다음 의도가 떠오르고 그 의도에 맞게 또 다음 영어를 찾아 이어나가는 과정.

07

자신의 말을
들으면서 말하기

자기 말을 듣는 것과 안 듣는 것은 결정적인 차이입니다. 영어로 말할 때 가장 간과하기 쉬운 것이, 자기가 내뱉은 말을 자기가 들어야 한다는 사실입니다. 말하기라는 과정은 끊임없이 자기가 한 말을 듣고 이에 맞게 다음 할 말을 이어나가는 작업인데, 만약 자기 말을 듣지 않는다면 이 자연 질서의 과정이 깨져 있던 셈이죠. 당연히 말하기가 어려워집니다. 단순히 한국인에게 영어로 말하는 것 자체가 어렵다는 것이 아니라, 사실은 우리가 너무 어려운 프로세스로 영어 말하기를 이어가고 있었거나, 또는 아예 지금처럼 잘못된 프로세스를 진행하고 있었기 때문에 영어 말하기가 어려웠다는 사실을 꼭 알아야 합니다.

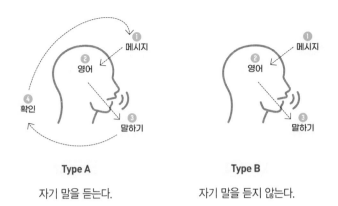

Type A

자기 말을 듣는다.

Type B

자기 말을 듣지 않는다.

위에 Type A를 보면 자기가 할 말을 하고 난 다음, ❹ 확인 작업을 합니다. 즉, 듣는 것이죠. 자기가 한 말이 원래 자기가 하려던 말이 맞는지, 또 문법적으로나 상황적으로 맞는지 등등을 확인하는 일입니다. 이 과정을 천천히 해볼수록, 내가 한 말을 듣고 있는데도 약간 제3자가 되어 다른 사람의 말을 들은 것 같은 느낌을 받게 되는데, 그럴수록 프로세스는 더 정확하게 진행되고 있음을 말해 줍니다.

이와는 반대로 Type B에서는 ❹ 확인 과정이 없습니다. 즉, 자신이 하는 말을 안 듣는 것이죠. 그냥 계속 머릿속에서 짜인 문장이나 표현 등을 읽듯이 내뱉느라 정신이 없습니다. 자신이 지금 하는 말을 들을 새도 없이 바로 다음 표현이나 문장을 또 짜야 하거든요. 이 상태에서는 지금 자기가 무슨 말을 하는지도 잘 모를뿐더러, 이런 상태로 계속 말을 이어가면 오류가 많이 늘어납니다. 결국, 상대방은 더더욱 잘 못 알아듣게 되는 것이죠.

08

말하고 '끝나는 느낌'을
가지기

자기가 한 말을 듣고 → '끝나는 느낌'을 가지면 → 다음 의도가 올라옵니다. 스피킹 중심의 영어 말하기를 진행할 때 가장 중요한 것은 바로 '끝나는 느낌'을 갖는 것입니다. '지금 자기가 내뱉는 이 말이 마지막이다, 끝이다'라고 생각하는 식입니다. 이것은 앞서 얘기한 문장 강박과 완전히 반대되는 감각인데요. 문장 강박 하에서는 하나의 문장이 끝나기 전에는 절대 끊어지면 안 된다였는데, 이제는 오히려 내뱉는 모든 말마다 '이 말이 끝이다'라고 생각하라는 얘기거든요. 끝나는 느낌을 갖는 것, 처음에는 일단 단어를 말한 다음 완전히 호흡까지 다 내뱉는 것이 좋습니다. 다음 단어를 말할 때는 다시 들이쉬고 말을 내뱉습니다. 하나하나 말하는 속도가 아주 느려져야겠죠.

I를 말하고 일단 끝나는 느낌을 갖는다.

말을 끝내면 다음 할 말의 '의도'가 올라온다.

우리는 성인이 된 영어 원어민의 현란한 영어만 들어서 잘 못 느끼는데, 5-6세 정도 된 영어 원어민 아이들의 말하기를 들어보면 금방 알 수 있습니다. 한 단어씩 한 단어씩 말을 할 수밖에 없다는 것을 말이죠. 아무리 빨리 하려고 해도 잘 되지도 않고, 또 그 이상 서두르지도 않습니다. 어린아이가 그렇게 말하는 것을 어른들은 누구나 다 귀여워서 어쩔 줄 몰라 하죠. 그 자체를 너무 사랑스러워하고 대견해하면서 얼마든지 말이 끝날 때까지 기다려 줍니다. 원래 언어는 이런 것이었죠. 말하기라는 것은 바로 이런 것이었어요. 내가 아무리 천천히 하나씩 말을 해도 앞사람이 너무너무 신기해하고 칭찬해주고 했었거든요. 이런 식으로 거의 5-6년 이상을 지속하고 나서야 비로소 죽죽 빨라지기 시작합니다. 제

한된 단어 안에서 너무 비슷한 말들을 많이 해봤거든요. 한 순간, 인생의 점프가 오는 것이죠.

우리나라 사람들에게 영어 말하기는 이런 것이 아니었습니다. 맞는지 틀리는지 항상 신경을 곤두세우고, 발음 비웃음당하지 않을지 또 신경 곤두세우고, 처음에는 비난, 비웃음, 무시, 망신 등을 먼저 경험하는 일이 많습니다. 그러다 보니 강박은 점점 더 심해지고, 이 강박은 결국 ❶ 잘못된 리딩 중심의 말하기 프로세스와 ❷ 문장 강박이 합쳐져서 더더욱 문장을 죽 내뱉어버리고 말게 됩니다. 마치 누가 쫓아오는 것처럼!

◆ ◆ ◆

그래서 한 단어씩 훈련할 필요가 있습니다. 영어 원어민들이 처음 경험했던 그 한 단어씩 말하는 여유로움을 나도 경험할 필요가 있습니다. 이건 영어를 잘하는지 못하는지의 문제가 아닙니다. 그냥 더 재미있고 편한 영어 말하기, 더 본질적인 자연 질서에 맞는 영어 말하기로 원위치시키기 위한, 당연한 훈련입니다.

09

한 단어씩 말하기부터
시작하기

한 단어 한 단어 말하다 보면 어느새 단어끼리 맞물려서 하나의 덩어리를 이룹니다. 영어 말하기는 기본적으로 한 단어씩 진행하는 것부터 시작하는 것이 맞습니다. 한 단어만 생각하면 되니까 머릿속으로 떠오르는 메시지가 아주 간단해지겠죠? 그래서 그렇게 부담스럽지 않습니다. 하나씩만 처리하면 되는 것이니까요.

다음의 그림은 한 단어씩 영어 말하기 프로세스를 처리하고 있는 경우를 보여주고 있습니다. 마지막 말하기 부분은 직접 해보시기 바랍니다.
소리를 내지 않고 속으로 해봐도 좋습니다.

한 단어씩 말하기

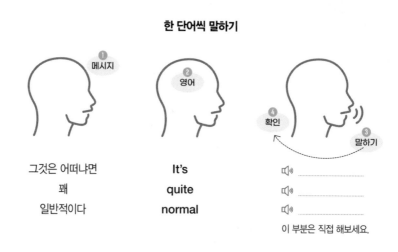

이 부분은 직접 해보세요.

이렇게 한 단어씩 진행하는 것은 앞으로도 계속 끝까지 한 단어씩만 말하라는 것이 아닙니다. 이렇게 한 단어 한 단어 진행하는 것이 점점 더 원활해지면 결국 이 단어들은 서로 맞물리게 되어 있습니다. 한 단어씩 말하고 끝내고 말하고 끝내고 하는 과정이 점점 원활해질수록 이 단어들은 서로 맞물려 이어지게 되어, 이를 듣는 사람은 마치 하나의 덩어리를 죽 말한 것처럼 느끼게 되는 것이죠. 하지만, 말하는 사람은 처음부터 덩어리를 말하려고 한 것이 아니라 그냥 한 단어씩 차근차근 말을 했을 뿐입니다.

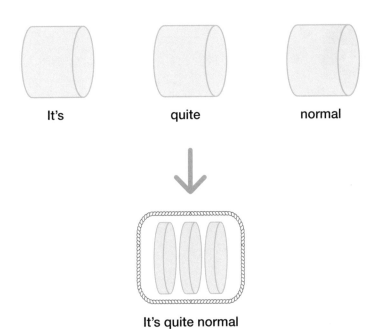

단어단어의 맞물림

한 단어씩 말했지만 서로 맞물려 하나의 덩어리를 이룬다.

의미 덩어리로
말하며 확장하기

맞물림은 점점 확장되어 갑니다. 단순히 단어 단어 수준에서 이루어지는 것이 아니라, 의미 덩어리, 즉 청크와 청크도 서로 맞물리기 시작합니다. 청크와 청크가 맞물려 계속 이어져서 문장이 결국 완성되는데, 이를 듣는 사람은 처음부터 한 문장 죽 말한 것으로 들리지만, 사실 말하는 사람은 처음부터 한 문장을 완성해놓고 말한 것이 아니라, 계속 잘게잘게 또는 짧게짧게 의미 덩어리를 말한 것이고, 이 의미 덩어리들이 죽 이어진 것뿐입니다.

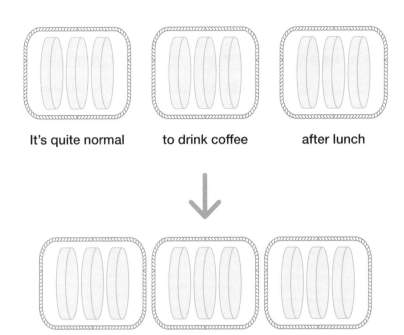

It's quite normal to drink coffee after lunch.

의미 덩어리, 즉 청크들의 맞물림

각 청크들이 이어져 하나의 문장을 이룬다.

처음부터 한 문장을 완벽하게 짜놓고 말하는 사람과, 이런 식으로 단어 단어부터 청크 청크가 이어져 문장이 완성되는 사람은 너무도 큰 차이가 있습니다. 리딩 중심의 문장 강박에 쌓여 말하는 사람과 그냥 원래 우리가 하게 되어 있는 대로 영어로 말하는 사람과의 차이라고 할 수 있는데, 그 고통이나 부하는 엄청난 차이가 있죠.

◆ ◆ ◆

우리나라 사람들은 대부분 리딩 중심이고, 이로 인한 문장 강박에 휩싸여 있습니다. 이 문장 강박을 깨고 원래 영어 말하기 프로세스로 원위치시키는 것이 이 책의 훈련 목적입니다. 이 책을 통해, 한 단어씩 차근차근 말하는 여유와 이로 인한 즐거움, '이 정도면 할 수 있겠는데?'라는 자신감을 경험하시기 바랍니다. 여러분의 영어 말하기가 즐거워지고, 만만해지고, 진정한 의미로 빨라지게 될 것을 약속합니다.

SPEAKING MATRIX 0 제로

한국인의 스피킹 잠재력을 깨우는 4-STEP 영어 말하기 학습법으로
누구나 50일이면 영어를 모국어처럼 더 쉽게! 더 빠르게! 더 유창하게!

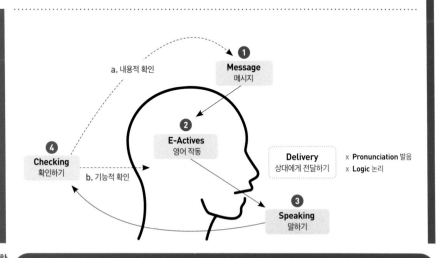

a. 내용적 확인

① Message 메시지

② E-Actives 영어 작동

④ Checking 확인하기

b. 기능적 확인

Delivery 상대에게 전달하기

x **Pronunciation** 발음
x **Logic** 논리

③ Speaking 말하기

학
습
서

스피킹 매트릭스 0 잠재력 깨우기 　　　　**: 범용 :** 두뇌에 영어 스피킹 패치 장착하기

학습서를 보시고 좀더 집중적인 훈련을 원하는 분은 자신의 영어 수준에 맞는 훈련서를 선택하세요.

훈
련
서

30초 영어 말하기 눈 모으기　　　**: 입문 :** 영어에 대한 기본 감각 다지기

1분 영어 말하기 눈뭉치 만들기　　　**: 초급 :** 스피킹에 필요한 필수 표현 익히기

2분 영어 말하기 눈덩이 굴리기　　　**: 중급 :** 주제별 에피소드와 표현 확장하기

3분 영어 말하기 눈사람 머리 완성　　　**: 고급 :** 자기 생각을 반영하여 전달하기

스피킹 매트릭스

제로

실천편

모국어처럼 유창한
영어 말하기의 시작

- 스피킹 매트릭스 -

김태윤 지음

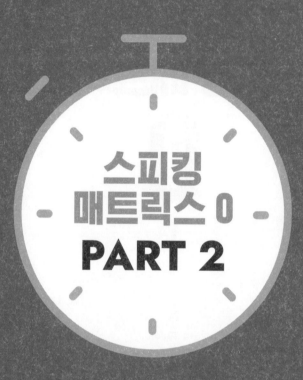

스피킹
매트릭스 0
PART 2

50일
영어 스피킹 훈련

지금부터 잠들어 있던 여러분의 영어 잠재력을 깨워 보겠습니다.

50일 동안 하루 3문장씩 영어로 말해볼 것입니다.

간단한 문장들이지만 가장 기본적이고

자주 쓰는 표현과 구조로 되어 있습니다.

INPUT은

영어식 사고로 전환하는 연습을,

OUTPUT에서는

여러분 혼자 힘으로 영어로 말해볼 것입니다.

자, Way to go!

스피킹 매트릭스 훈련 1일차

be동사 훈련 ❶ 장소에 있다

INPUT	Step 1 단어-단어 말하기 훈련		
{연습} **영어식 사고 훈련** 🎧 01-1.mp3	할 말 떠올리기	영어로 바꾸기	말하고 확인하기
나는 직장에 있다.	나는 있다 어디냐면 콕 찍어 직장에	**I** **am** **at** **work**	🔊 나는 🔊 있다 🔊 어디냐면 콕 찍어 🔊 직장에
고양이 한 마리가 상자 안에 있다.	하나의 고양이가 있다 안에 그 상자	**A** **cat** **is** **in** **the** **box**	🔊 하나의 🔊 고양이가 🔊 있다 🔊 안에 🔊 그 🔊 상자
그들은 집에 있다.	그들은 있다 어디냐면 콕 찍어 집에	**They** **are** **at** **home**	🔊 그들은 🔊 있다 🔊 어디냐면 콕 찍어 🔊 집에

Step 2 청크 연결 훈련			Step 3 문장 훈련
할 말 떠올리기	**영어로 바꾸기**	**말하고 확인하기**	**문장 완성하기**
나는 있다 직장에	**I am** **at work**	🔊 나는 있다 🔊 직장에	나는 직장에 있다. 🔊 **I am** **at work.**
고양이 한 마리가 있다 상자 안에	**A cat is** **in the box**	🔊 고양이 한 마리가 있다 🔊 상자 안에	고양이 한 마리가 상자 안에 있다. 🔊 **A cat is** **in the box.**
그들은 있다 집에	**They are** **at home**	🔊 그들은 있다 🔊 집에	그들은 집에 있다. 🔊 **They are** **at home.**

5

《실전》
영어로 말하기
👄
🎧 01-2.mp3

	할 말 떠올리기	영어로 말하고 확인하기
I am at work.	나는 있다 어디냐면 콕 찍어 직장에	🔊 🔊 🔊 🔊
A cat is in the box.	하나의 고양이가 있다 안에 그 상자	🔊 🔊 🔊 🔊 🔊 🔊
They are at home.	그들은 있다 어디냐면 콕 찍어 집에	🔊 🔊 🔊 🔊

Step 2 청크로 말하기		Step 3 문장 말하기
할 말 떠올리기	**영어로 말하고 확인하기**	**혼자 말하기**
나는 있다 🔊 직장에 🔊		나는 직장에 있다. 🔊
고양이 한 마리가 있다 🔊 상자 안에 🔊		고양이 한 마리가 상자 안에 있다. 🔊
그들은 있다 🔊 집에 🔊		그들은 집에 있다. 🔊

스피킹 매트릭스 〔훈련 2일차〕

be동사 훈련 ❷ 상태에 있다

INPUT	Step 1 단어-단어 말하기 훈련		
{연습} **영어식 사고 훈련** 🎧 02-1.mp3	❶ 메시지	❷ 영어	❹ 확인 ❸ 말하기
	할 말 떠올리기	**영어로 바꾸기**	**말하고 확인하기**
나는 배고프다.	나는 있다 배고픈 상태에	**I** **am** **hungry**	🔊 나는 🔊 있다 🔊 배고픈 상태에
그는 똑똑하다.	그는 있다 똑똑한 상태에	**He** **is** **smart**	🔊 그는 🔊 있다 🔊 똑똑한 상태에
너는 친절하다.	너는 있다 친절한 상태에	**You** **are** **kind**	🔊 너는 🔊 있다 🔊 친절한 상태에

Step 2 청크 연결 훈련			Step 3 문장 훈련
할 말 떠올리기	영어로 바꾸기	말하고 확인하기	문장 완성하기
나는 있다 배고픈 상태에	**I am** **hungry**	🔊 나는 있다 🔊 배고픈 상태에	나는 배고프다. 🔊 **I am** **hungry.**
그는 있다 똑똑한 상태에	**He is** **smart**	🔊 그는 있다 🔊 똑똑한 상태에	그는 똑똑하다. 🔊 **He is** **smart.**
너는 있다 친절한 상태에	**You are** **kind**	🔊 너는 있다 🔊 친절한 상태에	너는 친절하다. 🔊 **You are** **kind.**

9

Step 1 **한 단어씩 말하기**

① 메시지

② 영어
④ 확인
③ 말하기

할 말 떠올리기	영어로 말하고 확인하기

I am hungry.	나는 있다 배고픈 상태에	🔊 🔊 🔊
He is smart.	그는 있다 똑똑한 상태에	🔊 🔊 🔊
You are kind.	너는 있다 친절한 상태에	🔊 🔊 🔊

할 말 떠올리기	영어로 말하고 확인하기	혼자 말하기
나는 있다 배고픈 상태에	🔊 🔊	나는 배고프다. 🔊
그는 있다 똑똑한 상태에	🔊 🔊	그는 똑똑하다. 🔊
너는 있다 친절한 상태에	🔊 🔊	너는 친절하다. 🔊

be동사 훈련 ❸ 지위에 있다

INPUT	Step 1 단어-단어 말하기 훈련		

{연습}
영어식 사고 훈련

🎧 03-1.mp3

	할 말 떠올리기	영어로 바꾸기	말하고 확인하기
나는 회원이다.	나는 있다 하나의 멤버인 지위에	**I** **am** **a** **member**	🔊 나는 🔊 있다 🔊 하나의 🔊 멤버인 지위에
그녀는 가수이다.	그녀는 있다 하나의 가수인 지위에	**She** **is** **a** **singer**	🔊 그녀는 🔊 있다 🔊 하나의 🔊 가수인 지위에
우리는 아이가 아니다.	우리는 있지 않다 아이들인 지위에	**We** **are not** **kids**	🔊 우리는 🔊 있지 않다 🔊 아이들인 지위에

	Step 2 청크 연결 훈련		Step 3 문장 훈련
할 말 떠올리기	**영어로 바꾸기**	**말하고 확인하기**	**문장 완성하기**
나는 있다 회원의 지위에	**I am** **a member**	🔊 나는 있다 🔊 회원의 지위에	나는 회원이다. 🔊 **I am a member.**
그녀는 있다 가수의 지위에	**She is** **a singer**	🔊 그녀는 있다 🔊 가수의 지위에	그녀는 가수이다. 🔊 **She is a singer.**
우리는 있지 않다 아이들인 지위에	**We are not** **kids**	🔊 우리는 있지 않다 🔊 아이들인 지위에	우리는 아이가 아니다. 🔊 **We are not kids.**

13

《실전》
영어로 말하기
😊

🎧 03-2.mp3

할 말 떠올리기	영어로 말하고 확인하기

I am a member.

나는	🔊
있다	🔊
하나의	🔊
멤버인 지위에	🔊

She is a singer.

그녀는	🔊
있다	🔊
하나의	🔊
가수인 지위에	🔊

We are not kids.

우리는	🔊
있지 않다	🔊
아이들인 지위에	🔊

Step 2 청크로 말하기		Step 3 문장 말하기
할 말 떠올리기	**영어로 말하고 확인하기**	**혼자 말하기**
		나는 회원이다. 🔊
나는 있다	🔊	
회원의 지위에	🔊	
		그녀는 가수이다. 🔊
그녀는 있다	🔊	
가수의 지위에	🔊	
		우리는 아이가 아니다. 🔊
우리는 있지 않다	🔊	
아이들인 지위에	🔊	

DAY 04 조동사 끊기 훈련

INPUT	Step 1 단어-단어 말하기 훈련		
{연습} **영어식 사고 훈련** 🎧 04-1.mp3	**❶ 메시지** **❷ 영어** **❹ 확인** **❸ 말하기**		
	할 말 떠올리기	**영어로 바꾸기**	**말하고 확인하기**
나는 식사할 것이다.	나는 할 것이다 먹는다는 동작을	I will eat	🔊 나는 🔊 할 것이다 🔊 먹는다는 동작을
나는 뛸 수 있다.	나는 할 수 있다 뛴다는 동작을	I can run	🔊 나는 🔊 할 수 있다 🔊 뛴다는 동작을
나는 걸어야 한다.	나는 해야 한다 걷는다는 동작을	I should walk	🔊 나는 🔊 해야 한다 🔊 걷는다는 동작을

Step 2 청크 연결 훈련			Step 3 문장 훈련
① 메시지	**②** 영어	**④** 확인 **③** 말하기	**①** 메시지 **②** 영어 **④** 확인 **③** 말하기
할 말 떠올리기	**영어로 바꾸기**	**말하고 확인하기**	**문장 완성하기**
나는 할 것이다 먹는다는 동작을	**I will** **eat**	🔊 나는 할 것이다 🔊 먹는다는 동작을	나는 식사할 것이다. 🔊 **I will eat.**
나는 할 수 있다 뛴다는 동작을	**I can** **run**	🔊 나는 할 수 있다 🔊 뛴다는 동작을	나는 뛸 수 있다. 🔊 **I can run.**
나는 해야 한다 걷는다는 동작을	**I should** **walk**	🔊 나는 해야 한다 🔊 걷는다는 동작을	나는 걸어야 한다. 🔊 **I should walk.**

《실전》
영어로 말하기
👄
🎧 04-2.mp3

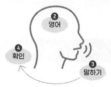

	할 말 떠올리기	영어로 말하고 확인하기
I will eat.	나는 할 것이다 먹는다는 동작을	🔊 🔊 🔊
I can run.	나는 할 수 있다 뛴다는 동작을	🔊 🔊 🔊
I should walk.	나는 해야 한다 걷는다는 동작을	🔊 🔊 🔊

❶ 메시지	❷ 영어 ❹ 확인 ❸ 말하기	❶ 메시지 ❷ 영어 ❹ 확인 ❸ 말하기
할 말 떠올리기	**영어로 말하고 확인하기**	**혼자 말하기**
		나는 식사할 것이다. 🔊
나는 할 것이다 🔊		
먹는다는 동작을 🔊		
		나는 뛸 수 있다. 🔊
나는 할 수 있다 🔊		
뛴다는 동작을 🔊		
		나는 걸어야 한다. 🔊
나는 해야 한다 🔊		
걷는다는 동작을 🔊		

19

스피킹 매트릭스 **훈련 5일차**
명사 단수 훈련

INPUT	Step 1 단어-단어 말하기 훈련		
	❶ 메시지	❷ 영어	❹ 확인 ❸ 말하기
{연습} 영어식 사고 훈련 🎧 05-1.mp3	할 말 떠올리기	영어로 바꾸기	말하고 확인하기
점심 먹고 나면 나는 카페에서 커피를 마신다.	뭐 이후냐면	**After**	🔊 뭐 이후냐면
	점심식사	**lunch**	🔊 점심식사
	나는	**I**	🔊 나는
	마신다	**drink**	🔊 마신다
	커피를	**coffee**	🔊 커피를
	어디에서냐면 콕 찍어	**at**	🔊 어디에서냐면 콕 찍어
	하나의 카페	**a cafe**	🔊 하나의 카페
어젯밤에 나는 혼자 영화 봤다.	지난	**Last**	🔊 지난
	밤	**night**	🔊 밤
	나는	**I**	🔊 나는
	봤다	**watched**	🔊 봤다
	하나의 영화를	**a movie**	🔊 하나의 영화를
	혼자	**alone**	🔊 혼자
이번 주말에 나는 책을 읽을 것이다.	이번	**This**	🔊 이번
	주말	**weekend**	🔊 주말
	나는 할 것이다	**I'm going to**	🔊 나는 할 것이다
	읽는다는 동작을	**read**	🔊 읽는다는 동작을
	하나의 책을	**a book**	🔊 하나의 책을

Step 2 청크 연결 훈련			Step 3 문장 훈련
❶ 메시지	❷ 영어	❹ 확인 ❸ 말하기	❶ 메시지 ❷ 영어 ❹ 확인 ❸ 말하기
할 말 떠올리기	**영어로 바꾸기**	**말하고 확인하기**	**문장 완성하기**
점심 먹고 나면 나는 카페에서 커피를 마신다	**After lunch** **I drink coffee at a cafe**	🔊 점심 먹고 나면 🔊 나는 카페에서 커피를 마신다	점심 먹고 나면 나는 카페에서 커피를 마신다. 🔊 **After lunch I drink coffee at a cafe.**
어젯밤에 나는 혼자 영화를 봤다	**Last night** **I watched a movie alone**	🔊 어젯밤에 🔊 나는 혼자 영화를 봤다	어젯밤에 나는 혼자 영화 봤다. 🔊 **Last night I watched a movie alone.**
이번 주말에 나는 책을 읽을 것이다	**This weekend** **I'm going to read a book**	🔊 이번 주말에 🔊 나는 책을 읽을 것이다	이번 주말에 나는 책을 읽을 것이다. 🔊 **This weekend I'm going to read a book.**

{실전} 영어로 말하기
😛

🎧 05-2.mp3

	할 말 떠올리기	영어로 말하고 확인하기
After lunch I drink coffee at a cafe.	뭐 이후냐면	🔊
	점심식사	🔊
	나는	🔊
	마신다	🔊
	커피를	🔊
	어디에서냐면 콕 찍어	🔊
	하나의 카페	🔊
Last night I watched a movie alone.	지난	🔊
	밤	🔊
	나는	🔊
	봤다	🔊
	하나의 영화를	🔊
	혼자	🔊
This weekend I'm going to read a book.	이번	🔊
	주말	🔊
	나는 할 것이다	🔊
	읽는다는 동작을	🔊
	하나의 책을	🔊

Step 2 청크로 말하기		Step 3 문장 말하기
할 말 떠올리기	영어로 말하고 확인하기	혼자 말하기
점심 먹고 나면	🔊	점심 먹고 나면 나는 카페에서 커피를 마신다. 🔊
나는 카페에서 커피를 마신다	🔊	
어젯밤에	🔊	어젯밤에 나는 혼자 영화 봤다. 🔊
나는 혼자 영화를 봤다	🔊	
이번 주말에	🔊	이번 주말에 나는 책을 읽을 것이다. 🔊
나는 책을 읽을 것이다	🔊	

스피킹 매트릭스 (훈련 6일차)
명사 복수 훈련

INPUT	Step 1 단어-단어 말하기 훈련

{연습}
영어식 사고 훈련

🎧 06-1.mp3

	할 말 떠올리기	영어로 바꾸기	말하고 확인하기
나는 여유 있을 때 책을 읽는다.	나는	I	🔊 나는
	읽는다	read	🔊 읽는다
	책들을	books	🔊 책들을
	언제 안이냐면	in	🔊 언제 안이냐면
	나의	my	🔊 나의
	자유로운	free	🔊 자유로운
	시간	time	🔊 시간
나는 액션 영화 보는 것을 좋아한다.	나는	I	🔊 나는
	좋아한다	like	🔊 좋아한다
	보는 것을	watching	🔊 보는 것을
	액션	action	🔊 액션
	영화들을	movies	🔊 영화들을
나는 식사 전에 손을 씻는다.	나는	I	🔊 나는
	씻는다	wash	🔊 씻는다
	나의	my	🔊 나의
	손들을	hands	🔊 손들을
	뭐 전이냐면	before	🔊 뭐 전이냐면
	식사하기	eating	🔊 식사하기

Step 2 청크 연결 훈련			Step 3 문장 훈련
❶ 메시지	❷ 영어	❹ 확인 ❸ 말하기	❷ 영어 ❶ 메시지 ❹ 확인 ❸ 말하기
할 말 떠올리기	**영어로 바꾸기**	**말하고 확인하기**	**문장 완성하기**
나는 책들을 읽는다	I read books	🔊 나는 책들을 읽는다	나는 여유 있을 때 책을 읽는다. 🔊 **I read books in my free time.**
여유 있는 시간에	in my free time	🔊 여유 있는 시간에	
나는 보는 것을 좋아한다	I like watching	🔊 나는 보는 것을 좋아한다	나는 액션 영화 보는 것을 좋아한다. 🔊 **I like watching action movies.**
액션 영화들을	action movies	🔊 액션 영화들을	
나는 나의 손들을 씻는다	I wash my hands	🔊 나는 나의 손들을 씻는다	나는 식사 전에 손을 씻는다. 🔊 **I wash my hands before eating.**
식사하기 전에	before eating	🔊 식사하기 전에	

OUTPUT

{실전}
영어로 말하기

🎧 06-2.mp3

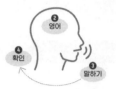

할 말 떠올리기	영어로 말하고 확인하기
I read books in my free time.	
나는	🔊
읽는다	🔊
책들을	🔊
언제 안이냐면	🔊
나의	🔊
자유로운	🔊
시간	🔊
I like watching action movies.	
나는	🔊
좋아한다	🔊
보는 것을	🔊
액션	🔊
영화들을	🔊
I wash my hands before eating.	
나는	🔊
씻는다	🔊
나의	🔊
손들을	🔊
뭐 전이냐면	🔊
식사하기	🔊

Step 2 청크로 말하기		Step 3 문장 말하기
할 말 떠올리기	**영어로 말하고 확인하기**	**혼자 말하기**
나는 책들을 읽는다 여유 있는 시간에	🔊 🔊	나는 여유 있을 때 책을 읽는다. 🔊
나는 보는 것을 좋아한다 액션 영화들을	🔊 🔊	나는 액션 영화 보는 것을 좋아한다. 🔊
나는 나의 손들을 씻는다 식사하기 전에	🔊 🔊	나는 식사 전에 손을 씻는다. 🔊

스피킹 매트릭스 훈련 7일차

the 말하기 훈련 ❶ 특정한 '그'

INPUT	Step 1 단어-단어 말하기 훈련		
{연습} **영어식 사고 훈련** 🎧 07-1.mp3	**①** 메시지 / **②** 영어	**④** 확인 / **③** 말하기	
	할 말 떠올리기	영어로 바꾸기	말하고 확인하기
그 가수는 역대 **최고이다.**	그 가수는 있다 그 최고의 지위에 이제껏(역대)	**The** **singer** **is** **the** **best** **ever**	🔊 그 🔊 가수는 🔊 있다 🔊 그 🔊 최고의 지위에 🔊 이제껏(역대)
나는 친구한테서 온 **이메일을 열었다.**	나는 열었다 그 이메일을 누구로부터냐면 나의 친구	**I** **opened** **the** **email** **from** **my** **friend**	🔊 나는 🔊 열었다 🔊 그 🔊 이메일을 🔊 누구로부터냐면 🔊 나의 🔊 친구
그 문자는 내 약속에 **관한 것이다.**	그 문자 메시지는 있다 뭐에 관해서냐면 나의 공식적인 약속	**The** **text** **message** **is** **about** **my** **appointment**	🔊 그 🔊 문자 🔊 메시지는 🔊 있다 🔊 뭐에 관해서냐면 🔊 나의 🔊 공식적인 약속

Step 2 청크 연결 훈련			Step 3 문장 훈련
할 말 떠올리기	**영어로 바꾸기**	**말하고 확인하기**	**문장 완성하기**
그 가수는 있다 이제껏(역대) 최고의 지위에	**The singer is** **the best ever**	◁ᴼ 그 가수는 있다 ◁ᴼ 이제껏(역대) 최고의 지위에	그 가수는 역대 최고이다. ◁ᴼ **The singer is** **the best ever.**
나는 이메일을 열었다 내 친구에게서 온	**I opened** **the email** **from my friend**	◁ᴼ 나는 이메일을 열었다 ◁ᴼ 내 친구에게서 온	나는 친구한테서 온 이메일을 열었다. ◁ᴼ **I opened** **the email** **from my friend.**
그 문자는 있다 나의 약속에 관해	**The text** **message is** **about** **my appointment**	◁ᴼ 그 문자는 있다 ◁ᴼ 나의 약속에 관해	그 문자는 내 약속에 관한 것이다. ◁ᴼ **The text** **message is** **about** **my appointment.**

29

{실전}
영어로 말하기

👄

🎧 07-2.mp3

할 말 떠올리기	영어로 말하고 확인하기
그	🔊
가수는	🔊
있다	🔊
그	🔊
최고의 지위에	🔊
이제껏(역대)	🔊

The singer is the best ever.

나는	🔊
열었다	🔊
그	🔊
이메일을	🔊
누구로부터냐면	🔊
나의	🔊
친구	🔊

I opened the email from my friend.

그	🔊
문자	🔊
메시지는	🔊
있다	🔊
뭐에 관해서냐면	🔊
나의	🔊
공식적인 약속	🔊

The text message is about my appointment.

할 말 떠올리기	영어로 말하고 확인하기	혼자 말하기
		그 가수는 역대 최고이다. 🔊
그 가수는 있다	🔊	
이제껏(역대) 최고의 지위에	🔊	
		나는 친구한테서 온 이메일을 열었다. 🔊
나는 이메일을 열었다	🔊	
내 친구에게서 온	🔊	
		그 문자는 내 약속에 관한 것이다. 🔊
그 문자는 있다	🔊	
나의 약속에 관해	🔊	

스피킹 매트릭스 훈련 8일차

the 말하기 훈련 ❷ 탁 떠오르는 '그'

INPUT	Step 1 단어-단어 말하기 훈련		

{연습}
영어식 사고 훈련

🎧 08-1.mp3

	할 말 떠올리기	영어로 바꾸기	말하고 확인하기
출퇴근할 때 나는 보통 버스를 탄다.	언제냐면	When	🔊 언제냐면
	내가	I	🔊 내가
	출퇴근할 때	commute	🔊 출퇴근할 때
	나는	I	🔊 나는
	대개(보통)	usually	🔊 대개(보통)
	탄다	take	🔊 탄다
	대중교통 중 그	the	🔊 대중교통 중 그
	버스를	bus	🔊 버스를
나는 살을 빼고 싶지만 여전히 엘리베이터를 탄다.	나는	I	🔊 나는
	원한다	want	🔊 원한다
	뭐하는 것을 원하냐면	to	🔊 뭐하는 것을 원하냐면
	잃는 것을	lose	🔊 잃는 것을
	체중을	weight	🔊 체중을
	그러나	but	🔊 그러나
	나는	I	🔊 나는
	여전히	still	🔊 여전히
	탄다	take	🔊 탄다
	올라가는 수단인 그	the	🔊 올라가는 수단인 그
	엘리베이터를	elevator	🔊 엘리베이터를
엄마는 피아노를 치곤 하셨다.	나의 엄마는	My mom	🔊 나의 엄마는
	뭘 하곤 했었냐면	used to	🔊 뭘 하곤 했었냐면
	치는 것을	play	🔊 치는 것을
	악기 중에 그	the	🔊 악기 중에 그
	피아노를	piano	🔊 피아노를

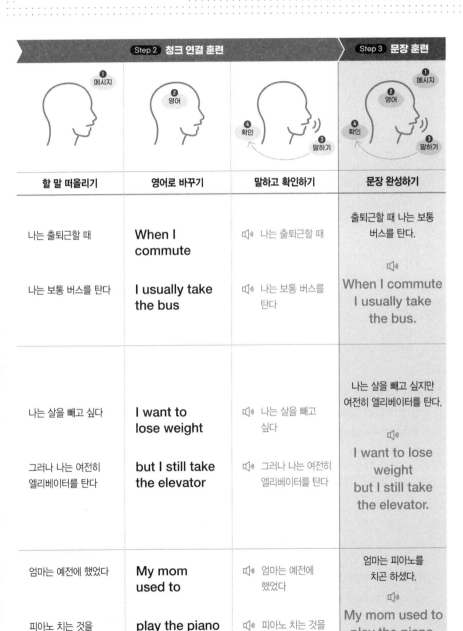

Step 2 청크 연결 훈련			Step 3 문장 훈련
할 말 떠올리기	**영어로 바꾸기**	**말하고 확인하기**	**문장 완성하기**
나는 출퇴근할 때	**When I commute**	🔊 나는 출퇴근할 때	출퇴근할 때 나는 보통 버스를 탄다.
나는 보통 버스를 탄다	**I usually take the bus**	🔊 나는 보통 버스를 탄다	🔊 When I commute I usually take the bus.
나는 살을 빼고 싶다	**I want to lose weight**	🔊 나는 살을 빼고 싶다	나는 살을 빼고 싶지만 여전히 엘리베이터를 탄다.
그러나 나는 여전히 엘리베이터를 탄다	**but I still take the elevator**	🔊 그러나 나는 여전히 엘리베이터를 탄다	🔊 I want to lose weight but I still take the elevator.
엄마는 예전에 했었다	**My mom used to**	🔊 엄마는 예전에 했었다	엄마는 피아노를 치곤 하셨다.
피아노 치는 것을	**play the piano**	🔊 피아노 치는 것을	🔊 My mom used to play the piano.

33

OUTPUT

{실전}
영어로 말하기
👄

🎧 08-2.mp3

❶ 메시지

❷ 영어
❹ 확인
❸ 말하기

할 말 떠올리기	영어로 말하고 확인하기
When I commute I usually take the bus.	
언제냐면	🔊
내가	🔊
출퇴근할 때	🔊
나는	🔊
대개(보통)	🔊
탄다	🔊
대중교통 중 그	🔊
버스를	🔊
I want to lose weight but I still take the elevator.	
나는	🔊
원한다	🔊
뭐하는 것을 원하냐면	🔊
잃는 것을	🔊
체중을	🔊
그러나	🔊
나는	🔊
여전히	🔊
탄다	🔊
올라가는 수단인 그	🔊
엘리베이터를	🔊
My mom used to play the piano.	
나의 엄마는	🔊
뭘 하곤 했었냐면	🔊
치는 것을	🔊
악기 중에 그	🔊
피아노를	🔊

할 말 떠올리기	**영어로 말하고 확인하기**	**혼자 말하기**
나는 출퇴근할 때	🔊	출퇴근할 때 나는 보통 버스를 탄다. 🔊
나는 보통 버스를 탄다	🔊	
나는 살을 빼고 싶다	🔊	나는 살을 빼고 싶지만 여전히 엘리베이터를 탄다. 🔊
그러나 나는 여전히 엘리베이터를 탄다	🔊	
엄마는 예전에 했었다	🔊	엄마는 피아노를 치곤 하셨다. 🔊
피아노 치는 것을	🔊	

35

스피킹 매트릭스 훈련 9일차

every 다음 단수 훈련

INPUT	Step 1 단어-단어 말하기 훈련		

{연습}
영어식 사고 훈련

🎧 09-1.mp3

	할 말 떠올리기	영어로 바꾸기	말하고 확인하기
모든 회원들에게 9시에 오라고 말했다.	나는	I	🔊 나는
	말했다	told	🔊 말했다
	모든	every	🔊 모든
	멤버들에게	member	🔊 멤버들에게
	뭐할 것을 말했냐면	to	🔊 뭐할 것을 말했냐면
	올 것을	come	🔊 올 것을
	언제냐면 콕 찍어	at	🔊 언제냐면 콕 찍어
	9시	9	🔊 9시
모든 폰이 지금 불통이다.	모든	Every	🔊 모든
	폰은	phone	🔊 폰은
	있다	is	🔊 있다
	나간 상태에	out	🔊 나간 상태에
	무엇의	of	🔊 무엇의
	서비스	service	🔊 서비스
	지금	now	🔊 지금
나는 목록에 있는 모든 영화를 봤다.	나는	I	🔊 나는
	보았다	watched	🔊 보았다
	모든	every	🔊 모든
	영화를	movie	🔊 영화를
	어떤 자료 위에 올라 있는 영화냐면	on	🔊 어떤 자료 위에 올라 있는 영화냐면
	그	the	🔊 그
	목록	list	🔊 목록

	Step 2 청크 연결 훈련		Step 3 문장 훈련
❶ 메시지	❷ 영어	❹ 확인 ❸ 말하기	❶ 메시지 ❷ 영어 ❹ 확인 ❸ 말하기
할 말 떠올리기	**영어로 바꾸기**	**말하고 확인하기**	**문장 완성하기**
나는 모든 회원들에게 말했다 9시에 오라고	**I told every member** **to come at 9**	🔊 나는 모든 회원들에게 말했다 🔊 9시에 오라고	모든 회원들에게 9시에 오라고 말했다. 🔊 **I told every member to come at 9.**
모든 폰은 있다 지금 불통인 상태에	**Every phone is** **out of service now**	🔊 모든 폰은 있다 🔊 지금 불통인 상태에	모든 폰이 지금 불통이다. 🔊 **Every phone is out of service now.**
나는 모든 영화를 봤다 목록에 있는	**I watched every movie** **on the list**	🔊 나는 모든 영화를 봤다 🔊 목록에 있는	나는 목록에 있는 모든 영화를 봤다. 🔊 **I watched every movie on the list.**

37

{실전}
영어로 말하기
👄
🎧 09-2.mp3

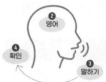

할 말 떠올리기	영어로 말하고 확인하기
I told every member to come at 9.	
나는	🔊
말했다	🔊
모든	🔊
멤버들에게	🔊
뭐할 것을 말했냐면	🔊
올 것을	🔊
언제냐면 콕 찍어	🔊
9시	🔊
Every phone is out of service now.	
모든	🔊
폰은	🔊
있다	🔊
나간 상태에	🔊
무엇의	🔊
서비스	🔊
지금	🔊
I watched every movie on the list.	
나는	🔊
보았다	🔊
모든	🔊
영화를	🔊
어떤 자료 위에 올라 있는	🔊
영화냐면	
그	🔊
목록	🔊

할 말 떠올리기	영어로 말하고 확인하기	혼자 말하기
나는 모든 회원들에게 말했다	🔊	모든 회원들에게 9시에 오라고 말했다. 🔊
9시에 오라고	🔊	
모든 폰은 있다	🔊	모든 폰이 지금 불통이다. 🔊
지금 불통인 상태에	🔊	
나는 모든 영화를 봤다	🔊	나는 목록에 있는 모든 영화를 봤다. 🔊
목록에 있는	🔊	

스피킹 매트릭스 **훈련 10일차**

-ing 훈련 ❶ ~하고 있는 상태에 있다

INPUT	Step 1 단어-단어 말하기 훈련		
《연습》 **영어식 사고 훈련** 🎧 10-1.mp3	❶ 메시지	❷ 영어	❹ 확인 ❸ 말하기
	할 말 떠올리기	영어로 바꾸기	말하고 확인하기
나는 걷고 있다.	나는 있다 걷고 있는 상태에	**I'm** **walking**	🔊 나는 있다 🔊 걷고 있는 상태에
나는 물을 마시고 있다.	나는 있다 마시고 있는 상태에 물을	**I'm** **drinking** **water**	🔊 나는 있다 🔊 마시고 있는 상태에 🔊 물을
나는 영화를 보고 있다.	나는 있다 보고 있는 상태에 하나의 영화를	**I'm** **watching** **a** **movie**	🔊 나는 있다 🔊 보고 있는 상태에 🔊 하나의 🔊 영화를

	Step 2 청크 연결 훈련		Step 3 문장 훈련
할 말 떠올리기	**영어로 바꾸기**	**말하고 확인하기**	**문장 완성하기**
나는 있다 걷고 있는 상태에	I'm walking	🔊 나는 있다 🔊 걷고 있는 상태에	나는 걷고 있다. 🔊 I'm walking.
나는 있다 물을 마시고 있는 상태에	I'm drinking water	🔊 나는 있다 🔊 물을 마시고 있는 상태에	나는 물을 마시고 있다. 🔊 I'm drinking water.
나는 있다 영화를 하나 보고 있는 상태에	I'm watching a movie	🔊 나는 있다 🔊 영화를 하나 보고 있는 상태에	나는 영화를 보고 있다. 🔊 I'm watching a movie.

《실전》
영어로 말하기

👄

🎧 10-2.mp3

	할 말 떠올리기	영어로 말하고 확인하기
I'm walking.	나는 있다 걷고 있는 상태에	🔊 🔊
I'm drinking water.	나는 있다 마시고 있는 상태에 물을	🔊 🔊 🔊
I'm watching a movie.	나는 있다 보고 있는 상태에 하나의 영화를	🔊 🔊 🔊 🔊

할 말 떠올리기	영어로 말하고 확인하기	혼자 말하기
		나는 걷고 있다. 🔊
나는 있다	🔊	
걷고 있는 상태에	🔊	
		나는 물을 마시고 있다. 🔊
나는 있다	🔊	
물을 마시고 있는 상태에	🔊	
		나는 영화를 보고 있다. 🔊
나는 있다	🔊	
영화를 하나 보고 있는 상태에	🔊	

스피킹 매트릭스 **훈련 11일차**

-ing 훈련 ❷ ~하는 것

INPUT	Step 1 단어-단어 말하기 훈련		
{연습} **영어식 사고 훈련** 🎧 11-1.mp3	❶ 메시지 할 말 떠올리기	❷ 영어 영어로 바꾸기	❹ 확인 ❸ 말하기 말하고 확인하기
나는 온라인 채팅을 좋아한다.	나는 좋아한다 수다 떠는 것을 온라인으로	I like chatting online	🔊 나는 🔊 좋아한다 🔊 수다 떠는 것을 🔊 온라인으로
수다 떠는 것은 재미있다.	수다 떠는 것은 있다 재미있는 상태에	Chatting is fun	🔊 수다 떠는 것은 🔊 있다 🔊 재미있는 상태에
걷기는 도움이 된다.	걷는 것은 도움을 준다	Walking helps	🔊 걷는 것은 🔊 도움을 준다

	Step 2 청크 연결 훈련		Step 3 문장 훈련
할 말 떠올리기	영어로 바꾸기	말하고 확인하기	문장 완성하기
나는 좋아한다 온라인으로 수다 떠는 것을	I like chatting online	🔊 나는 좋아한다 🔊 온라인으로 수다 떠는 것을	나는 온라인 채팅을 좋아한다. 🔊 I like chatting online.
수다 떠는 것은 있다 재미있는 상태에	Chatting is fun	🔊 수다 떠는 것은 있다 🔊 재미있는 상태에	수다 떠는 것은 재미있다. 🔊 Chatting is fun.
걷는 것은 도움을 준다	Walking helps	🔊 걷는 것은 🔊 도움을 준다	걷기는 도움이 된다. 🔊 Walking helps.

OUTPUT

{실전}
영어로 말하기
👄

🎧 11-2.mp3

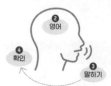

	할 말 떠올리기	영어로 말하고 확인하기
I like chatting online.	나는	🔊
	좋아한다	🔊
	수다 떠는 것을	🔊
	온라인으로	🔊
Chatting is fun.	수다 떠는 것은	🔊
	있다	🔊
	재미있는 상태에	🔊
Walking helps.	걷는 것은	🔊
	도움을 준다	🔊

할 말 떠올리기	영어로 말하고 확인하기	혼자 말하기
		나는 온라인 채팅을 좋아한다. 🔊
나는 좋아한다	🔊	
온라인으로 수다 떠는 것을	🔊	
		수다 떠는 것은 재미있다. 🔊
수다 떠는 것은 있다	🔊	
재미있는 상태에	🔊	
		걷기는 도움이 된다. 🔊
걷는 것은	🔊	
도움을 준다	🔊	

스피킹 매트릭스 훈련 12일차

to부정사 끊기 훈련 ❶ ~하는 것

INPUT	Step 1 단어-단어 말하기 훈련		

❶ 메시지
❷ 영어
❹ 확인
❸ 말하기

《연습》
영어식 사고 훈련

🎧 12-1.mp3

	할 말 떠올리기	영어로 바꾸기	말하고 확인하기
빨리 걷는 것은 살을 빼는 데 도움이 된다.	뭐하는 거냐면 걷는 것 빨리 도와준다 너를 잃는 것을 체중을	**To** **walk** **fast** **helps** **you** **lose** **weight**	🔊 뭐하는 거냐면 🔊 걷는 것 🔊 빨리 🔊 도와준다 🔊 너를 🔊 잃는 것을 🔊 체중을
나의 목표는 의사가 되는 것이다.	나의 목표는 있다 뭐하는 것에 있냐면 되는 것 하나의 의사	**My** **goal** **is** **to** **become** **a** **doctor**	🔊 나의 🔊 목표는 🔊 있다 🔊 뭐하는 것에 있냐면 🔊 되는 것 🔊 하나의 🔊 의사
나는 내 차를 운전하고 싶다.	나는 원한다 뭐하는 것을 원하냐면 운전하는 것 나의 소유의 차를	**I** **want** **to** **drive** **my** **own** **car**	🔊 나는 🔊 원한다 🔊 뭐하는 것을 원하냐면 🔊 운전하는 것 🔊 나의 🔊 소유의 🔊 차를

Step 2 청크 연결 훈련			Step 3 문장 훈련
① 메시지	**② 영어**	**④ 확인 ③ 말하기**	**① 메시지 ② 영어 ④ 확인 ③ 말하기**
할 말 떠올리기	영어로 바꾸기	말하고 확인하기	문장 완성하기
빨리 걷는 것은 살을 빼는 데 도움이 된다	**To walk fast** **helps you lose weight**	🔊 빨리 걷는 것은 🔊 살을 빼는 데 도움이 된다	빨리 걷는 것은 살을 빼는 데 도움이 된다. 🔊 **To walk fast helps you lose weight.**
내 목표는 있다 의사가 되는 것에	**My goal is** **to become a doctor**	🔊 내 목표는 있다 🔊 의사가 되는 것에	나의 목표는 의사가 되는 것이다. 🔊 **My goal is to become a doctor.**
나는 원한다 내 소유의 차를 운전하는 것을	**I want** **to drive my own car**	🔊 나는 원한다 🔊 내 소유의 차를 운전하는 것을	나는 내 차를 운전하고 싶다. 🔊 **I want to drive my own car.**

49

	할 말 떠올리기	영어로 말하고 확인하기
To walk fast helps you lose weight.	뭐하는 거냐면	🔊
	걷는 것	🔊
	빨리	🔊
	도와준다	🔊
	너를	🔊
	잃는 것을	🔊
	체중을	🔊
My goal is to become a doctor.	나의	🔊
	목표는	🔊
	있다	🔊
	뭐하는 것에 있냐면	🔊
	되는 것	🔊
	하나의	🔊
	의사	🔊
I want to drive my own car.	나는	🔊
	원한다	🔊
	뭐하는 것을 원하냐면	🔊
	운전하는 것	🔊
	나의	🔊
	소유의	🔊
	차를	🔊

Step 2 청크로 말하기		Step 3 문장 말하기
할 말 떠올리기	**영어로 말하고 확인하기**	**혼자 말하기**
빨리 걷는 것은	🔊	빨리 걷는 것은 살을 빼는 데 도움이 된다. 🔊
살을 빼는 데 도움이 된다	🔊	
내 목표는 있다	🔊	나의 목표는 의사가 되는 것이다. 🔊
의사가 되는 것에	🔊	
나는 원한다	🔊	나는 내 차를 운전하고 싶다. 🔊
내 소유의 차를 운전하는 것을	🔊	

스피킹 매트릭스 (훈련 13일차)
to부정사 끊기 훈련 ❷ 명사 설명

INPUT	Step 1 단어-단어 말하기 훈련		
	❶ 메시지	❷ 영어	❹ 확인 / ❸ 말하기
{연습} **영어식 사고 훈련** 🎧 13-1.mp3	할 말 떠올리기	영어로 바꾸기	말하고 확인하기
나는 가족과 보낼 시간이 좀 있다.	나는 갖고 있다 약간의 시간을 뭐할 시간이냐면 사용할 누구와 함께냐면 나의 가족과	I have some time to spend with my family	🔊 나는 🔊 갖고 있다 🔊 약간의 🔊 시간을 🔊 뭐할 시간이냐면 🔊 사용할 🔊 누구와 함께냐면 🔊 나의 🔊 가족과
나는 읽을 책의 목록을 짰다.	나는 만들었다 하나의 목록을 뭐의 목록이냐면 책들 뭐 할 책들이냐면 읽을	I made up a list of books to read	🔊 나는 🔊 만들었다 🔊 하나의 🔊 목록을 🔊 뭐의 목록이냐면 🔊 책들 🔊 뭐 할 책들이냐면 🔊 읽을
그 파일은 공유할 정보를 몇 가지 담고 있다.	그 파일은 담고 있다 몇몇 정보를 뭐할 정보냐면 공유할	The file contains some information to share	🔊 그 🔊 파일은 🔊 담고 있다 🔊 몇몇 🔊 정보를 🔊 뭐할 정보냐면 🔊 공유할

강의 및 훈련 MP3

Step 2 청크 연결 훈련			Step 3 문장 훈련
할 말 떠올리기	영어로 바꾸기	말하고 확인하기	문장 완성하기
나는 보낼 시간이 좀 있다 가족과 함께	**I have some time to spend** **with my family**	◁» 나는 보낼 시간이 좀 있다 ◁» 가족과 함께	나는 가족과 보낼 시간이 좀 있다. ◁» **I have some time to spend with my family.**
나는 짰다 읽을 책의 목록을	**I made up** **a list of books to read**	◁» 나는 짰다 ◁» 읽을 책의 목록을	나는 읽을 책의 목록을 짰다. ◁» **I made up a list of books to read.**
그 파일은 담고 있다 몇몇 공유할 정보를	**The file contains** **some information to share**	◁» 그 파일은 담고 있다 ◁» 몇몇 공유할 정보를	그 파일은 공유할 정보를 몇 가지 담고 있다. ◁» **The file contains some information to share.**

{실전}
영어로 말하기
👄

🎧 13-2.mp3

할 말 떠올리기	영어로 말하고 확인하기

I have some time to spend with my family.	나는	🔊
	갖고 있다	🔊
	약간의	🔊
	시간을	🔊
	뭐할 시간이냐면	🔊
	사용할	🔊
	누구와 함께냐면	🔊
	나의	🔊
	가족과	🔊

I made up a list of books to read.	나는	🔊
	만들었다	🔊
	하나의	🔊
	목록을	🔊
	뭐의 목록이냐면	🔊
	책들	🔊
	뭐 할 책들이냐면	🔊
	읽을	🔊

The file contains some information to share.	그	🔊
	파일은	🔊
	담고 있다	🔊
	몇몇	🔊
	정보를	🔊
	뭐할 정보냐면	🔊
	공유할	🔊

할 말 떠올리기	영어로 말하고 확인하기	혼자 말하기
나는 보낼 시간이 좀 있다 가족과 함께	🔊 🔊	나는 가족과 보낼 시간이 좀 있다. 🔊
나는 짰다 읽을 책의 목록을	🔊 🔊	나는 읽을 책의 목록을 짰다. 🔊
그 파일은 담고 있다 몇몇 공유할 정보를	🔊 🔊	그 파일은 공유할 정보를 몇 가지 담고 있다. 🔊

to부정사 끊기 훈련 ❸ ~하기 위해서

INPUT	Step 1 단어-단어 말하기 훈련		
{연습} **영어식 사고 훈련** 🎧 14-1.mp3	① 메시지	② 영어	④ 확인 / ③ 말하기
	할 말 떠올리기	**영어로 바꾸기**	**말하고 확인하기**
난 살을 빼기 위해 조깅하기로 결심했다.	나는	I	🔊 나는
	결정했다	decided	🔊 결정했다
	뭐하는 것을 결정했냐면	to	🔊 뭐하는 것을 결정했냐면
	조깅하는 것	jog	🔊 조깅하는 것
	뭐하기 위해서냐면	to	🔊 뭐하기 위해서냐면
	잃기 위해서	lose	🔊 잃기 위해서
	체중을	weight	🔊 체중을
난 에너지 충전을 위해 커피를 마신다.	나는	I	🔊 나는
	마신다	drink	🔊 마신다
	커피를	coffee	🔊 커피를
	뭐하기 위해서냐면	to	🔊 뭐하기 위해서냐면
	에너지를 불어넣기 위해	energize	🔊 에너지를 불어넣기 위해
	나 자신에게	myself	🔊 나 자신에게
난 스트레스 풀려고 쇼핑 간다.	나는	I	🔊 나는
	간다	go	🔊 간다
	쇼핑하기를	shopping	🔊 쇼핑하기를
	뭐하기 위해서냐면	to	🔊 뭐하기 위해서냐면
	풀기 위해서	release	🔊 풀기 위해서
	스트레스를	stress	🔊 스트레스를

강의 및 훈련 MP3

Step 2　청크 연결 훈련			Step 3　문장 훈련

① 메시지	② 영어	④ 확인 / ③ 말하기	① 메시지 / ② 영어 / ④ 확인 / ③ 말하기
할 말 떠올리기	**영어로 바꾸기**	**말하고 확인하기**	**문장 완성하기**
난 조깅을 하기로 결심했다 살을 빼기 위해서	**I decided to jog** **to lose weight**	🔊 난 조깅을 하기로 결심했다 🔊 살을 빼기 위해서	난 살을 빼기 위해 조깅하기로 결심했다. 🔊 **I decided to jog to lose weight.**
난 커피를 마신다 내 자신에게 에너지를 불어넣기 위해서	**I drink coffee** **to energize myself**	🔊 난 커피를 마신다 🔊 내 자신에게 에너지를 불어넣기 위해서	난 에너지 충전을 위해 커피를 마신다. 🔊 **I drink coffee to energize myself.**
난 쇼핑을 간다 스트레스를 풀기 위해서	**I go shopping** **to release stress**	🔊 난 쇼핑을 간다 🔊 스트레스를 풀기 위해서	난 스트레스 풀려고 쇼핑 간다. 🔊 **I go shopping to release stress.**

Step 1 한 단어씩 말하기

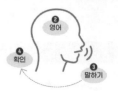

할 말 떠올리기	영어로 말하고 확인하기
I decided to jog to lose weight.	
나는	🔊
결정했다	🔊
뭐하는 것을 결정했냐면	🔊
조깅하는 것	🔊
뭐하기 위해서냐면	🔊
잃기 위해서	🔊
체중을	🔊
I drink coffee to energize myself.	
나는	🔊
마신다	🔊
커피를	🔊
뭐하기 위해서냐면	🔊
에너지를 불어넣기 위해	🔊
나 자신에게	🔊
I go shopping to release stress.	
나는	🔊
간다	🔊
쇼핑하기를	🔊
뭐하기 위해서냐면	🔊
풀기 위해서	🔊
스트레스를	🔊

Step 2 청크로 말하기		Step 3 문장 말하기
할 말 떠올리기	**영어로 말하고 확인하기**	**혼자 말하기**
난 조깅을 하기로 결심했다 살을 빼기 위해서	🔊 🔊	난 살을 빼기 위해 조깅하기로 결심했다. 🔊
난 커피를 마신다 내 자신에게 에너지를 불어넣기 위해서	🔊 🔊	난 에너지 충전을 위해 커피를 마신다. 🔊
난 쇼핑을 간다 스트레스를 풀기 위해서	🔊 🔊	난 스트레스 풀려고 쇼핑 간다. 🔊

스피킹 매트릭스 (훈련 15일차)

과거 훈련 ❶ 기본 훈련

INPUT	Step 1 단어-단어 말하기 훈련		
《연습》 **영어식 사고 훈련** 🎧 15-1.mp3	❶ 메시지	❷ 영어	❹ 확인 ❸ 말하기
	할 말 떠올리기	영어로 바꾸기	말하고 확인하기
나는 친구들과 얘기했다.	나는 이야기했다 누구와 함께냐면 친구들	I talked with friends	🔊 나는 🔊 이야기했다 🔊 누구와 함께냐면 🔊 친구들
나는 엄마에게 전화했다.	나는 전화했다 나의 엄마에게	I called my mom	🔊 나는 🔊 전화했다 🔊 나의 🔊 엄마에게
나는 열심히 일했다.	나는 일했다 열심히	I worked hard	🔊 나는 🔊 일했다 🔊 열심히

훈련한 날짜   .   .

소요시간   분

Step 2 청크 연결 훈련			Step 3 문장 훈련
할 말 떠올리기	**영어로 바꾸기**	**말하고 확인하기**	**문장 완성하기**
나는 얘기했다 친구들과 함께	**I talked** **with friends**	🔊 나는 얘기했다 🔊 친구들과 함께	나는 친구들과 얘기했다. 🔊 **I talked with friends.**
나는 전화했다 엄마에게	**I called** **my mom**	🔊 나는 전화했다 🔊 엄마에게	나는 엄마에게 전화했다. 🔊 **I called my mom.**
나는 일했다 열심히	**I worked** **hard**	🔊 나는 일했다 🔊 열심히	나는 열심히 일했다. 🔊 **I worked hard.**

{실전}
영어로 말하기
👄

🎧 15-2.mp3

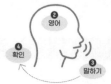

	할 말 떠올리기	영어로 말하고 확인하기
I talked with friends.	나는 이야기했다 누구와 함께냐면 친구들	🔊 🔊 🔊 🔊
I called my mom.	나는 전화했다 나의 엄마에게	🔊 🔊 🔊 🔊
I worked hard.	나는 일했다 열심히	🔊 🔊 🔊

할 말 떠올리기	영어로 말하고 확인하기	혼자 말하기
		나는 친구들과 얘기했다.
나는 얘기했다	🔊	🔊
친구들과 함께	🔊	
		나는 엄마에게 전화했다.
나는 전화했다	🔊	🔊
엄마에게	🔊	
		나는 열심히 일했다.
나는 일했다	🔊	🔊
열심히	🔊	

스피킹 매트릭스 (훈련 16일차)

과거 훈련 ❷ 틀리기 쉬운 과거 훈련

INPUT	Step 1 단어-단어 말하기 훈련		
{연습} **영어식 사고 훈련** 🎧 🎵 16-1.mp3	❶ 메시지	❷ 영어	❹ 확인 / ❸ 말하기
	할 말 떠올리기	**영어로 바꾸기**	**말하고 확인하기**
나는 점심을 먹었다.	나는 먹었다 점심을	I ate lunch	🔊 나는 🔊 먹었다 🔊 점심을
나는 감기에 걸렸다.	나는 걸렸다 하나의 감기를	I caught a cold	🔊 나는 🔊 걸렸다 🔊 하나의 🔊 감기를
나는 커피를 마셨다.	나는 마셨다 커피를	I drank coffee	🔊 나는 🔊 마셨다 🔊 커피를

강의 및 훈련 MP3

Step 2 청크 연결 훈련			Step 3 문장 훈련
할 말 떠올리기	영어로 바꾸기	말하고 확인하기	문장 완성하기
나는 먹었다 점심을	**I ate** **lunch**	🔊 나는 먹었다 🔊 점심을	나는 점심을 먹었다. 🔊 **I ate** **lunch.**
나는 걸렸다 감기에	**I caught** **a cold**	🔊 나는 걸렸다 🔊 감기에	나는 감기에 걸렸다. 🔊 **I caught** **a cold.**
나는 마셨다 커피를	**I drank** **coffee**	🔊 나는 마셨다 🔊 커피를	나는 커피를 마셨다. 🔊 **I drank** **coffee.**

OUTPUT

{실전}
영어로 말하기
👄

🎧 16-2.mp3

	할 말 떠올리기	영어로 말하고 확인하기
I ate lunch.	나는 먹었다 점심을	🔊 🔊 🔊
I caught a cold.	나는 걸렸다 하나의 감기를	🔊 🔊 🔊 🔊
I drank coffee.	나는 마셨다 커피를	🔊 🔊 🔊

할 말 떠올리기	영어로 말하고 확인하기	혼자 말하기
		나는 점심을 먹었다. 🔊
나는 먹었다	🔊	
점심을	🔊	
		나는 감기에 걸렸다. 🔊
나는 걸렸다	🔊	
감기에	🔊	
		나는 커피를 마셨다. 🔊
나는 마셨다	🔊	
커피를	🔊	

스피킹 매트릭스 훈련 17일차

현재완료 훈련 ❶ ~해왔다

INPUT	Step1 단어-단어 말하기 훈련

{연습}
영어식 사고 훈련

🎧 17-1.mp3

	할 말 떠올리기	영어로 바꾸기	말하고 확인하기
나는 서울에 산 지 10년 됐다.	나는 갖고 있다 산 상태를 어디 안이냐면 서울 얼마 동안이냐면 10년	I have lived in Seoul for 10 years	🔊 나는 🔊 갖고 있다 🔊 산 상태를 🔊 어디 안이냐면 🔊 서울 🔊 얼마 동안이냐면 🔊 10년
TS에서 일한 지 5년 됐다.	나는 갖고 있다 일한 상태를 콕 찍어 어디에서냐면 TS 얼마 동안이냐면 5년	I have worked at TS for 5 years	🔊 나는 🔊 갖고 있다 🔊 일한 상태를 🔊 콕 찍어 어디에서냐면 🔊 TS 🔊 얼마 동안이냐면 🔊 5년
수 년째 영어를 공부해왔다.	나는 갖고 있다 공부한 상태를 영어를 얼마 동안이냐면 수 년	I have studied English for years	🔊 나는 🔊 갖고 있다 🔊 공부한 상태를 🔊 영어를 🔊 얼마 동안이냐면 🔊 수 년

	Step 2 청크 연결 훈련		Step 3 문장 훈련
할 말 떠올리기	**영어로 바꾸기**	**말하고 확인하기**	**문장 완성하기**
서울에 살아왔다 10년 동안	**I have lived in Seoul** **for 10 years**	🔊 서울에 살아왔다 🔊 10년 동안	나는 서울에 산 지 10년 됐다. 🔊 **I have lived in Seoul for 10 years.**
TS에서 일해왔다 5년 동안	**I have worked at TS** **for 5 years**	🔊 TS에서 일해왔다 🔊 5년 동안	TS에서 일한 지 5년 됐다. 🔊 **I have worked at TS for 5 years.**
영어를 공부해왔다 수 년 동안	**I have studied English** **for years**	🔊 영어를 공부해왔다 🔊 수 년 동안	수 년째 영어를 공부해왔다. 🔊 **I have studied English for years.**

OUTPUT

《실전》
영어로 말하기
👄

🎧 17-2.mp3

할 말 떠올리기	영어로 말하고 확인하기

I have lived in Seoul for 10 years.

나는	🔊
갖고 있다	🔊
산 상태를	🔊
어디 안이냐면	🔊
서울	🔊
얼마 동안이냐면	🔊
10년	🔊

I have worked at TS for 5 years.

나는	🔊
갖고 있다	🔊
일한 상태를	🔊
콕 찍어 어디에서냐면	🔊
TS	🔊
얼마 동안이냐면	🔊
5년	🔊

I have studied English for years.

나는	🔊
갖고 있다	🔊
공부한 상태를	🔊
영어를	🔊
얼마 동안이냐면	🔊
수 년	🔊

할 말 떠올리기	영어로 말하고 확인하기	혼자 말하기
서울에 살아왔다	🔊	나는 서울에 산 지 10년 됐다. 🔊
10년 동안	🔊	
TS에서 일해왔다	🔊	TS에서 일한 지 5년 됐다. 🔊
5년 동안	🔊	
영어를 공부해왔다	🔊	수 년째 영어를 공부해왔다. 🔊
수 년 동안	🔊	

스피킹 매트릭스 **훈련 18일차**

현재완료 훈련 ❷ ~은 했다

INPUT	Step 1 단어-단어 말하기 훈련

**《연습》
영어식 사고 훈련**

🎧 18-1.mp3

	할 말 떠올리기	영어로 바꾸기	말하고 확인하기
보고서를 끝냈다.	나는	I	🔊 나는
	갖고 있다	have	🔊 갖고 있다
	끝낸 상태를	finished	🔊 끝낸 상태를
	그	the	🔊 그
	보고서를	report	🔊 보고서를
샘플을 만들었다.	나는	I	🔊 나는
	갖고 있다	have	🔊 갖고 있다
	만든 상태를	made	🔊 만든 상태를
	하나의	a	🔊 하나의
	샘플을	sample	🔊 샘플을
목표를 설정했다.	나는	I	🔊 나는
	갖고 있다	have	🔊 갖고 있다
	설정한 상태를	set	🔊 설정한 상태를
	하나의	a	🔊 하나의
	목표를	goal	🔊 목표를

Step 2 청크 연결 훈련			Step 3 문장 훈련
할 말 떠올리기	**영어로 바꾸기**	**말하고 확인하기**	**문장 완성하기**
난 끝냈다 보고서를	I have finished the report	🔊 난 끝냈다 🔊 보고서를	보고서를 끝냈다. 🔊 I have finished the report.
난 만들었다 샘플을	I have made a sample	🔊 난 만들었다 🔊 샘플을	샘플을 만들었다. 🔊 I have made a sample.
난 설정했다 목표를	I have set a goal	🔊 난 설정했다 🔊 목표를	목표를 설정했다. 🔊 I have set a goal.

《실전》
영어로 말하기

🎧 18-2.mp3

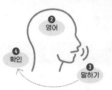

	할 말 떠올리기	영어로 말하고 확인하기
I have finished the report.	나는 갖고 있다 끝낸 상태를 그 보고서를	🔊 🔊 🔊 🔊 🔊
I have made a sample.	나는 갖고 있다 만든 상태를 하나의 샘플을	🔊 🔊 🔊 🔊 🔊
I have set a goal.	나는 갖고 있다 설정한 상태를 하나의 목표를	🔊 🔊 🔊 🔊 🔊

할 말 떠올리기	영어로 말하고 확인하기	혼자 말하기
		보고서를 끝냈다. 🔊
난 끝냈다	🔊	
보고서를	🔊	
		샘플을 만들었다. 🔊
난 만들었다	🔊	
샘플을	🔊	
		목표를 설정했다. 🔊
난 설정했다	🔊	
목표를	🔊	

스피킹 매트릭스 훈련 19일차
현재완료 훈련 ❸ ~한 상태이다

INPUT	Step 1 단어-단어 말하기 훈련		
{연습} **영어식 사고 훈련** 🎧 19-1.mp3	❶ 메시지 / ❷ 영어 / ❹ 확인 / ❸ 말하기		
	할 말 떠올리기	영어로 바꾸기	말하고 확인하기
그 영화 봤다. (영화를 본 상태이다.)	나는 갖고 있다 본 상태를 그 영화를	I have seen the movie	🔊 나는 🔊 갖고 있다 🔊 본 상태를 🔊 그 🔊 영화를
점심 먹었다. (점심을 먹은 상태이다.)	나는 갖고 있다 먹은 상태를 점심을	I have eaten lunch	🔊 나는 🔊 갖고 있다 🔊 먹은 상태를 🔊 점심을
그 책 읽었다. (그 책을 읽은 상태이다.)	나는 갖고 있다 읽은 상태를 그 책을	I have read the book	🔊 나는 🔊 갖고 있다 🔊 읽은 상태를 🔊 그 🔊 책을

Step 2 청크 연결 훈련			Step 3 문장 훈련
할 말 떠올리기	영어로 바꾸기	말하고 확인하기	문장 완성하기
난 본 상태이다 그 영화를	**I have seen** **the movie**	🔊 난 본 상태이다 🔊 그 영화를	그 영화 봤다. 🔊 **I have seen the movie.**
난 먹은 상태이다 점심을	**I have eaten** **lunch**	🔊 난 먹은 상태이다 🔊 점심을	점심 먹었다. 🔊 **I have eaten lunch.**
난 읽은 상태이다 그 책을	**I have read** **the book**	🔊 난 읽은 상태이다 🔊 그 책을	그 책 읽었다. 🔊 **I have read the book.**

{실전}
영어로 말하기
😋
🎧 19-2.mp3

❶ 메시지
❷ 영어
❸ 말하기
❹ 확인

할 말 떠올리기	영어로 말하고 확인하기
I have seen the movie.	
나는	🔊
갖고 있다	🔊
본 상태를	🔊
그	🔊
영화를	🔊
I have eaten lunch.	
나는	🔊
갖고 있다	🔊
먹은 상태를	🔊
점심을	🔊
I have read the book.	
나는	🔊
갖고 있다	🔊
읽은 상태를	🔊
그	🔊
책을	🔊

할 말 떠올리기	영어로 말하고 확인하기	혼자 말하기
		그 영화 봤다. 🔊
난 본 상태이다	🔊	
그 영화를	🔊	
		점심 먹었다. 🔊
난 먹은 상태이다	🔊	
점심을	🔊	
		그 책 읽었다. 🔊
난 읽은 상태이다	🔊	
그 책을	🔊	

수동태 훈련 ❶ be p.p.

INPUT	Step 1 단어-단어 말하기 훈련		
《연습》 **영어식 사고 훈련** 🎧 🎵 20-1.mp3	할 말 떠올리기	영어로 바꾸기	말하고 확인하기
그 집은 2008년에 지어졌다.	그 집은 있었다 지어진 상태에 언제 안에서냐면 2008년	The house was built in 2008	🔊 그 🔊 집은 🔊 있었다 🔊 지어진 상태에 🔊 언제 안에서냐면 🔊 2008년
그것은 어제 보내졌다.	그것은 있었다 보내진 상태에 어제	It was sent yesterday	🔊 그것은 🔊 있었다 🔊 보내진 상태에 🔊 어제
그 영화는 1992년에 만들어졌다.	그 영화는 있었다 만들어진 상태에 언제 안에서냐면 1992년	The movie was made in 1992	🔊 그 🔊 영화는 🔊 있었다 🔊 만들어진 상태에 🔊 언제 안에서냐면 🔊 1992년

Step 2 청크 연결 훈련			Step 3 문장 훈련
할 말 떠올리기	영어로 바꾸기	말하고 확인하기	문장 완성하기
그 집은 지어졌다 2008년에	**The house was built** **in 2008**	🔊 그 집은 지어졌다 🔊 2008년에	그 집은 2008년에 지어졌다. 🔊 The house was built in 2008.
그것은 보내졌다 어제	**It was sent** **yesterday**	🔊 그것은 보내졌다 🔊 어제	그것은 어제 보내졌다. 🔊 It was sent yesterday.
그 영화는 만들어졌다 1992년에	**The movie was made** **in 1992**	🔊 그 영화는 만들어졌다 🔊 1992년에	그 영화는 1992년에 만들어졌다. 🔊 The movie was made in 1992.

81

{실전}
영어로 말하기
😊

🎧 20-2.mp3

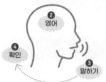

	할 말 떠올리기	영어로 말하고 확인하기
The house was built in 2008.	그	🔊
	집은	🔊
	있었다	🔊
	지어진 상태에	🔊
	언제 안에서냐면	🔊
	2008년	🔊
It was sent yesterday.	그것은	🔊
	있었다	🔊
	보내진 상태에	🔊
	어제	🔊
The movie was made in 1992.	그	🔊
	영화는	🔊
	있었다	🔊
	만들어진 상태에	🔊
	언제 안에서냐면	🔊
	1992년	🔊

할 말 떠올리기	영어로 말하고 확인하기	혼자 말하기
		그 집은 2008년에 지어졌다.
그 집은 지어졌다	🔊	🔊
2008년에	🔊	
		그것은 어제 보내졌다.
그것은 보내졌다	🔊	🔊
어제	🔊	
		그 영화는 1992년에 만들어졌다.
그 영화는 만들어졌다	🔊	🔊
1992년에	🔊	

스피킹 매트릭스 훈련 21일차

수동태 훈련❷ get p.p.

INPUT	Step 1 단어-단어 말하기 훈련		
《연습》 **영어식 사고 훈련** 🎧 21-1.mp3	할 말 떠올리기	영어로 바꾸기	말하고 확인하기
나는 쉽게 실망하게 된다.	나는 얻는다 실망이 된 상태를 쉽게	**I** **get** **disappointed** **easily**	🔊 나는 🔊 얻는다 🔊 실망이 된 상태를 🔊 쉽게
키스를 받았다.	나는 얻었다 키스받은 상태를	**I** **got** **kissed**	🔊 나는 🔊 얻었다 🔊 키스받은 상태를
그것은 어제 출시되었다.	그것은 얻었다 출시된 상태를 어제	**It** **got** **released** **yesterday**	🔊 그것은 🔊 얻었다 🔊 출시된 상태를 🔊 어제

Step 2 청크 연결 훈련			Step 3 문장 훈련
할 말 떠올리기	영어로 바꾸기	말하고 확인하기	문장 완성하기
나는 얻는다 쉽게 실망이 된 상태를	**I get** **disappointed easily**	🔊 나는 얻는다 🔊 쉽게 실망이 된 상태를	나는 쉽게 실망하게 된다. 🔊 **I get disappointed easily.**
나는 얻었다 키스받은 상태를	**I got** **kissed**	🔊 나는 얻었다 🔊 키스받은 상태를	키스를 받았다. 🔊 **I got kissed.**
그것은 얻었다 어제 출시된 상태를	**It got** **released yesterday**	🔊 그것은 얻었다 🔊 어제 출시된 상태를	그것은 어제 출시되었다. 🔊 **It got released yesterday.**

{실전}
영어로 말하기

😊

🎧 21-2.mp3

	할 말 떠올리기	영어로 말하고 확인하기
I get disappointed easily.	나는 얻는다 실망이 된 상태를 쉽게	🔊 🔊 🔊 🔊
I got kissed.	나는 얻었다 키스받은 상태를	🔊 🔊 🔊
It got released yesterday.	그것은 얻었다 출시된 상태를 어제	🔊 🔊 🔊 🔊

할 말 떠올리기	영어로 말하고 확인하기	혼자 말하기
		나는 쉽게 실망하게 된다. ◁»
나는 얻는다	◁»	
쉽게 실망이 된 상태를	◁»	
		키스를 받았다. ◁»
나는 얻었다	◁»	
키스받은 상태를	◁»	
		그것은 어제 출시되었다. ◁»
그것은 얻었다	◁»	
어제 출시된 상태를	◁»	

수동태 훈련 ❸ feel p.p.

INPUT	Step 1 단어-단어 말하기 훈련		
《연습》 **영어식 사고 훈련** 🎧 22-1.mp3	❶ 메시지	❷ 영어	❹ 확인 ❸ 말하기
	할 말 떠올리기	영어로 바꾸기	말하고 확인하기
나는 실망을 느낀다.	나는 느낀다 실망된 상태를	I feel disappointed	🔊 나는 🔊 느낀다 🔊 실망된 상태를
나는 무시당한 기분이었다.	나는 느꼈다 무시된 상태를	I felt ignored	🔊 나는 🔊 느꼈다 🔊 무시된 상태를
나는 짜증을 느꼈다.	나는 느꼈다 짜증 나게 된 상태를	I felt annoyed	🔊 나는 🔊 느꼈다 🔊 짜증 나게 된 상태를

Step 2 청크 연결 훈련			Step 3 문장 훈련
할 말 떠올리기	영어로 바꾸기	말하고 확인하기	문장 완성하기
나는 느낀다 실망된 상태를	**I feel** **disappointed**	🔊 나는 느낀다 🔊 실망된 상태를	나는 실망을 느낀다. 🔊 **I feel disappointed.**
나는 느꼈다 무시된 상태를	**I felt** **ignored**	🔊 나는 느꼈다 🔊 무시된 상태를	나는 무시당한 기분이었다. 🔊 **I felt ignored.**
나는 느꼈다 짜증 나게 된 상태를	**I felt** **annoyed**	🔊 나는 느꼈다 🔊 짜증 나게 된 상태를	나는 짜증을 느꼈다. 🔊 **I felt annoyed.**

OUTPUT

{실전}
영어로 말하기
😋

🎧 22-2.mp3

	할 말 떠올리기	영어로 말하고 확인하기
I feel disappointed.	나는 느낀다 실망된 상태를	🔊 🔊 🔊
I felt ignored.	나는 느꼈다 무시된 상태를	🔊 🔊 🔊
I felt annoyed.	나는 느꼈다 짜증 나게 된 상태를	🔊 🔊 🔊

할 말 떠올리기	영어로 말하고 확인하기	혼자 말하기

		나는 실망을 느낀다.
		🔊
나는 느낀다	🔊	
실망된 상태를	🔊	

		나는 무시당한 기분이었다.
		🔊
나는 느꼈다	🔊	
무시된 상태를	🔊	

		나는 짜증을 느꼈다.
		🔊
나는 느꼈다	🔊	
짜증 나게 된 상태를	🔊	

전치사 끊기 훈련 ❶ at

| INPUT | Step 1 단어-단어 말하기 훈련 |

《연습》 영어식 사고 훈련 ∩ 23-1.mp3	할 말 떠올리기	영어로 바꾸기	말하고 확인하기
난 7시에 나간다.	나는 나간다 언제냐면 콕 찍어 7시	I leave at 7	🔊 나는 🔊 나간다 🔊 언제냐면 콕 찍어 🔊 7시
나는 그 카페에서 커피를 마신다.	나는 마신다 커피를 콕 찍어 어디에서냐면 그 카페	I drink coffee at the cafe	🔊 나는 🔊 마신다 🔊 커피를 🔊 콕 찍어 어디에서냐면 🔊 그 🔊 카페
나는 집에 있었다.	나는 머물렀다 콕 찍어 어디에서냐면 집	I stayed at home	🔊 나는 🔊 머물렀다 🔊 콕 찍어 어디에서냐면 🔊 집

Step 2 청크 연결 훈련			Step 3 문장 훈련
할 말 떠올리기	영어로 바꾸기	말하고 확인하기	문장 완성하기
나는 나간다 7시에	**I leave** **at 7**	🔊 나는 나간다 🔊 7시에	난 7시에 나간다. 🔊 **I leave** **at 7.**
나는 커피를 마신다 그 카페에서	**I drink coffee** **at the cafe**	🔊 나는 커피를 마신다 🔊 그 카페에서	나는 그 카페에서 커피를 마신다. 🔊 **I drink coffee** **at the cafe.**
나는 머물렀다 집에	**I stayed** **at home**	🔊 나는 머물렀다 🔊 집에	나는 집에 있었다. 🔊 **I stayed** **at home.**

{실전}
영어로 말하기
👄

🎧 23-2.mp3

① 메시지

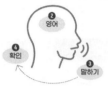
② 영어
④ 확인
③ 말하기

	할 말 떠올리기	영어로 말하고 확인하기
I leave at 7.	나는	🔊
	나간다	🔊
	언제냐면 콕 찍어	🔊
	7시	🔊
I drink coffee at the cafe.	나는	🔊
	마신다	🔊
	커피를	🔊
	콕 찍어 어디에서냐면	🔊
	그	🔊
	카페	🔊
I stayed at home.	나는	🔊
	머물렀다	🔊
	콕 찍어 어디에서냐면	🔊
	집	🔊

할 말 떠올리기	영어로 말하고 확인하기	혼자 말하기
		난 7시에 나간다. 🔊
나는 나간다	🔊	
7시에	🔊	
		나는 그 카페에서 커피를 마신다. 🔊
나는 커피를 마신다	🔊	
그 카페에서	🔊	
		나는 집에 있었다. 🔊
나는 머물렀다	🔊	
집에	🔊	

전치사 끊기 훈련 ❷ on

INPUT	Step 1 단어-단어 말하기 훈련		
《연습》 **영어식 사고 훈련** 🎧 24-1.mp3	❶ 메시지 / ❷ 영어	❹ 확인 / ❸ 말하기	
	할 말 떠올리기	**영어로 바꾸기**	**말하고 확인하기**
컵 하나가 테이블 위에 있다.	하나의 컵이 있다 어디 위냐면 그 테이블	**A** **cup** **is** **on** **the** **table**	🔊 하나의 🔊 컵이 🔊 있다 🔊 어디 위냐면 🔊 그 🔊 테이블
나는 금요일에 몇몇 친구들과 만났다.	나는 만났다 누구하고냐면 몇몇 친구들과 어느 요일 위냐면 금요일	**I** **got together** **with** **some** **friends** **on** **Friday**	🔊 나는 🔊 만났다 🔊 누구하고냐면 🔊 몇몇 🔊 친구들과 🔊 어느 요일 위냐면 🔊 금요일
우리는 그 문제에 대해 논의를 가졌다.	우리는 가졌다 하나의 논의를 어떤 주제 위냐면 그 문제	**We** **had** **a** **discussion** **on** **the** **issue**	🔊 우리는 🔊 가졌다 🔊 하나의 🔊 논의를 🔊 어떤 주제 위냐면 🔊 그 🔊 문제

Step 2 청크 연결 훈련			Step 3 문장 훈련
❶메시지	❷영어	❹확인 ❸말하기	❶메시지 ❷영어 ❹확인 ❸말하기
할 말 떠올리기	**영어로 바꾸기**	**말하고 확인하기**	**문장 완성하기**
컵이 하나 있다 테이블 위에	**A cup is** **on the table**	🔊 컵이 하나 있다 🔊 테이블 위에	컵 하나가 테이블 위에 있다. 🔊 A cup is on the table.
나는 몇몇 친구들과 만났다 금요일에	**I got together with some friends** **on Friday**	🔊 나는 몇몇 친구들과 만났다 🔊 금요일에	나는 금요일에 몇몇 친구들과 만났다. 🔊 I got together with some friends on Friday.
우리는 논의를 가졌다 그 문제에 대해	**We had a discussion** **on the issue**	🔊 우리는 논의를 가졌다 🔊 그 문제에 대해	우리는 그 문제에 대해 논의를 가졌다. 🔊 We had a discussion on the issue.

97

OUTPUT

{실전}
영어로 말하기
😊

🎧 24-2.mp3

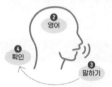

	할 말 떠올리기	영어로 말하고 확인하기
A cup is on the table.	하나의	🔊
	컵이	🔊
	있다	🔊
	어디 위냐면	🔊
	그	🔊
	테이블	🔊
I got together with some friends on Friday.	나는	🔊
	만났다	🔊
	누구하고냐면	🔊
	몇몇	🔊
	친구들과	🔊
	어느 요일 위냐면	🔊
	금요일	🔊
We had a discussion on the issue.	우리는	🔊
	가졌다	🔊
	하나의	🔊
	논의를	🔊
	어떤 주제 위냐면	🔊
	그	🔊
	문제	🔊

Step 2 청크로 말하기		Step 3 문장 말하기
할 말 떠올리기	**영어로 말하고 확인하기**	**혼자 말하기**
컵이 하나 있다 테이블 위에	🔊 🔊	컵 하나가 테이블 위에 있다. 🔊
나는 몇몇 친구들과 만났다 금요일에	🔊 🔊	나는 금요일에 몇몇 친구들과 만났다. 🔊
우리는 논의를 가졌다 그 문제에 대해	🔊 🔊	우리는 그 문제에 대해 논의를 가졌다. 🔊

전치사 끊기 훈련 ❸ in

INPUT	Step 1 단어-단어 말하기 훈련

{연습}
영어식 사고 훈련

🎧 25-1.mp3

	할 말 떠올리기	영어로 바꾸기	말하고 확인하기
내 사촌은 자기 방에 있다.	나의	**My**	🔊 나의
	사촌은	**cousin**	🔊 사촌은
	있다	**is**	🔊 있다
	어디 안에서냐면	**in**	🔊 어디 안에서냐면
	그의	**his**	🔊 그의
	방	**room**	🔊 방
나는 아침 일찍 일어난다.	나는	**I**	🔊 나는
	일어난다	**get up**	🔊 일어난다
	일찍	**early**	🔊 일찍
	언제 안에서냐면	**in**	🔊 언제 안에서냐면
	하루 중 그	**the**	🔊 하루 중 그
	아침	**morning**	🔊 아침
나는 매일 공원을 걷는다.	나는	**I**	🔊 나는
	걷는다	**walk**	🔊 걷는다
	어디 안에서냐면	**in**	🔊 어디 안에서냐면
	그	**the**	🔊 그
	공원	**park**	🔊 공원
	매일	**every day**	🔊 매일

Step 2 청크 연결 훈련			Step 3 문장 훈련
❶ 메시지	❷ 영어	❹ 확인 ❸ 말하기	❶ 메시지 ❷ 영어 ❹ 확인 ❸ 말하기
할 말 떠올리기	**영어로 바꾸기**	**말하고 확인하기**	**문장 완성하기**
내 사촌은 있다 자기 방에	**My cousin is** **in his room**	🔊 내 사촌은 있다 🔊 자기 방에	내 사촌은 자기 방에 있다. 🔊 **My cousin is** **in his room.**
나는 일어난다 아침에 일찍	**I get up** **early** **in the morning**	🔊 나는 일어난다 🔊 아침에 일찍	나는 아침 일찍 일어난다. 🔊 **I get up** **early** **in the morning.**
나는 걷는다 공원에서 매일	**I walk** **in the park** **every day**	🔊 나는 걷는다 🔊 공원에서 매일	나는 매일 공원을 걷는다. 🔊 **I walk** **in the park** **every day.**

OUTPUT

《실전》
영어로 말하기
👄

🎧 25-2.mp3

할 말 떠올리기	영어로 말하고 확인하기
My cousin is in his room.	나의 🔊
	사촌은 🔊
	있다 🔊
	어디 안에서냐면 🔊
	그의 🔊
	방 🔊
I get up early in the morning.	나는 🔊
	일어난다 🔊
	일찍 🔊
	언제 안에서냐면 🔊
	하루 중 그 🔊
	아침 🔊
I walk in the park every day.	나는 🔊
	걷는다 🔊
	어디 안에서냐면 🔊
	그 🔊
	공원 🔊
	매일 🔊

할 말 떠올리기	영어로 말하고 확인하기	혼자 말하기
내 사촌은 있다 자기 방에	🔊 🔊	내 사촌은 자기 방에 있다. 🔊
나는 일어난다 아침에 일찍	🔊 🔊	나는 아침 일찍 일어난다. 🔊
나는 걷는다 공원에서 매일	🔊 🔊	나는 매일 공원을 걷는다. 🔊

전치사 끊기 훈련 ❹ to

INPUT	Step 1 단어-단어 말하기 훈련		
{연습} **영어식 사고 훈련** 🎧 26-1.mp3	할 말 떠올리기	영어로 바꾸기	말하고 확인하기
나는 차로 출근한다. (나는 운전해 출근한다.)	나는 운전한다 어디로냐면 직장	I drive to work	🔊 나는 🔊 운전한다 🔊 어디로냐면 🔊 직장
나는 헬스장 다닌다.	나는 간다 어디로냐면 늘 다니는 그 헬스장	I go to the gym	🔊 나는 🔊 간다 🔊 어디로냐면 🔊 늘 다니는 그 🔊 헬스장
그는 그 카페로 갔다.	그는 갔다 어디로냐면 그 카페	He went to the cafe	🔊 그는 🔊 갔다 🔊 어디로냐면 🔊 그 🔊 카페

Step 2　청크 연결 훈련			Step 3　문장 훈련
❶ 메시지	❷ 영어	❹ 확인　❸ 말하기	❶ 메시지　❷ 영어　❹ 확인　❸ 말하기
할 말 떠올리기	**영어로 바꾸기**	**말하고 확인하기**	**문장 완성하기**
나는 운전한다 직장으로	**I drive** **to work**	🔊 나는 운전한다 🔊 직장으로	나는 차로 출근한다. 🔊 **I drive to work.**
나는 간다 헬스장으로	**I go** **to the gym**	🔊 나는 간다 🔊 헬스장으로	나는 헬스장 다닌다. 🔊 **I go to the gym.**
그는 갔다 그 카페로	**He went** **to the cafe**	🔊 그는 갔다 🔊 그 카페로	그는 그 카페로 갔다. 🔊 **He went to the cafe.**

105

{실전}
영어로 말하기

🔊 26-2.mp3

	할 말 떠올리기	영어로 말하고 확인하기
I drive to work.	나는 운전한다 어디로냐면 직장	🔊 🔊 🔊 🔊
I go to the gym.	나는 간다 어디로냐면 늘 다니는 그 헬스장	🔊 🔊 🔊 🔊 🔊
He went to the cafe.	그는 갔다 어디로냐면 그 카페	🔊 🔊 🔊 🔊 🔊

할 말 떠올리기	영어로 말하고 확인하기	혼자 말하기
		나는 차로 출근한다. 🔊
나는 운전한다	🔊	
직장으로	🔊	
		나는 헬스장 다닌다. 🔊
나는 간다	🔊	
헬스장으로	🔊	
		그는 그 카페로 갔다. 🔊
그는 갔다	🔊	
그 카페로	🔊	

전치사 끊기 훈련 ❺ with

INPUT	Step 1 단어-단어 말하기 훈련		
{연습} **영어식 사고 훈련** 🎧 27-1.mp3	❶ 메시지 / ❷ 영어	❹ 확인 / ❸ 말하기	
	할 말 떠올리기	**영어로 바꾸기**	**말하고 확인하기**
나는 친구들과 온라인 채팅한다.	나는	I	🔊 나는
	수다 떤다	chat	🔊 수다 떤다
	누구랑 함께냐면	with	🔊 누구랑 함께냐면
	나의	my	🔊 나의
	친구들	friends	🔊 친구들
	온라인으로	online	🔊 온라인으로
나는 팀과 일하는 것이 너무 좋다.	나는	I	🔊 나는
	너무 좋아한다	love	🔊 너무 좋아한다
	일하는 것을	working	🔊 일하는 것을
	누구와 함께냐면	with	🔊 누구와 함께냐면
	팀	Tim	🔊 팀
나는 신용카드로 결제했다.	나는	I	🔊 나는
	계산했다	paid	🔊 계산했다
	무엇에 대해서냐면	for	🔊 무엇에 대해서냐면
	그것	it	🔊 그것
	무엇을 가지고냐면	with	🔊 무엇을 가지고냐면
	나의	my	🔊 나의
	신용카드	credit card	🔊 신용카드

훈련한 날짜   .   .

소요시간   분

강의 및 훈련 MP3

Step 2 청크 연결 훈련			Step 3 문장 훈련
① 메시지	**② 영어**	**④ 확인 ③ 말하기**	**① 메시지 ② 영어 ③ 말하기 ④ 확인**
할 말 떠올리기	**영어로 바꾸기**	**말하고 확인하기**	**문장 완성하기**
나는 수다 떤다 친구들과 함께 온라인으로	I chat with my friends online	🔊 나는 수다 떤다 🔊 친구들과 함께 온라인으로	나는 친구들과 온라인 채팅한다. 🔊 I chat with my friends online.
나는 일하는 것이 너무 좋다 팀과 함께	I love working with Tim	🔊 나는 일하는 것이 너무 좋다 🔊 팀과 함께	나는 팀과 일하는 것이 너무 좋다. 🔊 I love working with Tim.
나는 그것에 대해 계산했다 나의 신용카드로	I paid for it with my credit card	🔊 나는 그것에 대해 계산했다 🔊 나의 신용카드로	나는 신용카드로 결제했다. 🔊 I paid for it with my credit card.

109

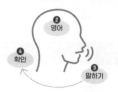

	할 말 떠올리기	영어로 말하고 확인하기
I chat with my friends online.	나는	🔊
	수다 떤다	🔊
	누구랑 함께냐면	🔊
	나의	🔊
	친구들	🔊
	온라인으로	🔊
I love working with Tim.	나는	🔊
	너무 좋아한다	🔊
	일하는 것을	🔊
	누구와 함께냐면	🔊
	팀	🔊
I paid for it with my credit card.	나는	🔊
	계산했다	🔊
	무엇에 대해서냐면	🔊
	그것	🔊
	무엇을 가지고냐면	🔊
	나의	🔊
	신용카드	🔊

할 말 떠올리기	영어로 말하고 확인하기	혼자 말하기
		나는 친구들과 온라인 채팅한다. 🔊
나는 수다 떤다 🔊		
친구들과 함께 온라인으로 🔊		
		나는 팀과 일하는 것이 너무 좋다. 🔊
나는 일하는 것이 너무 좋다 🔊		
팀과 함께 🔊		
		나는 신용카드로 결제했다. 🔊
나는 그것에 대해 계산했다 🔊		
나의 신용카드로 🔊		

스피킹 매트릭스 **훈련 28일차**

전치사 끊기 훈련 ⑥ because of

INPUT	Step 1 단어-단어 말하기 훈련		
{연습} **영어식 사고 훈련** 🎧 28-1.mp3	**①** 메시지	**②** 영어	**④** 확인 **③** 말하기
	할 말 떠올리기	영어로 바꾸기	말하고 확인하기
차가 막혀서 늦었다.	나는	**I**	🔊 나는
	있었다	**was**	🔊 있었다
	늦은 상태에	**late**	🔊 늦은 상태에
	뭐 때문이냐면	**because of**	🔊 뭐 때문이냐면
	그	**the**	🔊 그
	교통	**traffic**	🔊 교통
우리는 그 오류 때문에 실패했다.	우리는	**We**	🔊 우리는
	실패했다	**failed**	🔊 실패했다
	뭐 때문이냐면	**because of**	🔊 뭐 때문이냐면
	그	**the**	🔊 그
	오류	**error**	🔊 오류
그 행사는 비 때문에 취소되었다.	그	**The**	🔊 그
	행사는	**event**	🔊 행사는
	있었다	**was**	🔊 있었다
	취소된 상태에	**canceled**	🔊 취소된 상태에
	뭐 때문이냐면	**because of**	🔊 뭐 때문이냐면
	날씨 중에 그	**the**	🔊 날씨 중에 그
	비	**rain**	🔊 비

Step 2 청크 연결 훈련			Step 3 문장 훈련
❶ 메시지	❷ 영어	❹ 확인 ❸ 말하기	❶ 메시지 ❷ 영어 ❹ 확인 ❸ 말하기
할 말 떠올리기	**영어로 바꾸기**	**말하고 확인하기**	**문장 완성하기**
나는 늦었다 교통 때문에	**I was late** **because of the traffic**	🔊 나는 늦었다 🔊 교통 때문에	차가 막혀서 늦었다. 🔊 I was late because of the traffic.
우리는 실패했다 그 오류 때문에	**We failed** **because of the error**	🔊 우리는 실패했다 🔊 그 오류 때문에	우리는 그 오류 때문에 실패했다. 🔊 We failed because of the error.
그 행사는 취소되었다 비 때문에	**The event was canceled** **because of the rain**	🔊 그 행사는 취소되었다 🔊 비 때문에	그 행사는 비 때문에 취소되었다. 🔊 The event was canceled because of the rain.

OUTPUT

《실전》
영어로 말하기
👄

🎧 28-2.mp3

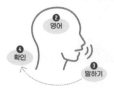

할 말 떠올리기	영어로 말하고 확인하기
I was late because of the traffic.	
나는	🔊
있었다	🔊
늦은 상태에	🔊
뭐 때문이냐면	🔊
그	🔊
교통	🔊
We failed because of the error.	
우리는	🔊
실패했다	🔊
뭐 때문이냐면	🔊
그	🔊
오류	🔊
The event was canceled because of the rain.	
그	🔊
행사는	🔊
있었다	🔊
취소된 상태에	🔊
뭐 때문이냐면	🔊
날씨 중에 그	🔊
비	🔊

할 말 떠올리기	영어로 말하고 확인하기	혼자 말하기
나는 늦었다 교통 때문에	🔊 🔊	차가 막혀서 늦었다. 🔊
우리는 실패했다 그 오류 때문에	🔊 🔊	우리는 그 오류 때문에 실패했다. 🔊
그 행사는 취소되었다 비 때문에	🔊 🔊	그 행사는 비 때문에 취소되었다. 🔊

스피킹 매트릭스 훈련 29일차

전치사 끊기 훈련 ⑦ about

INPUT	Step 1 단어-단어 말하기 훈련		
《연습》 **영어식 사고 훈련** 🎧 29-1.mp3	❶ 메시지	❷ 영어	❹ 확인 ❸ 말하기
	할 말 떠올리기	영어로 바꾸기	말하고 확인하기
우리는 그 영화에 대해 이야기했다.	우리는 이야기했다 뭐에 대해서냐면 그 영화	**We** **talked** **about** **the** **movie**	🔊 우리는 🔊 이야기했다 🔊 뭐에 대해서냐면 🔊 그 🔊 영화
그 뉴스는 IT에 관한 것이다.	그 뉴스는 있다 뭐에 관한 거냐면 IT	**The** **news** **is** **about** **IT**	🔊 그 🔊 뉴스는 🔊 있다 🔊 뭐에 관한 거냐면 🔊 IT
그는 우리에게 그 여행에 대해 말했다.	그는 말했다 우리에게 뭐에 대해서냐면 그 여행	**He** **told** **us** **about** **the** **trip**	🔊 그는 🔊 말했다 🔊 우리에게 🔊 뭐에 대해서냐면 🔊 그 🔊 여행

Step 2 청크 연결 훈련			Step 3 문장 훈련
할 말 떠올리기	**영어로 바꾸기**	**말하고 확인하기**	**문장 완성하기**
우리는 이야기했다 그 영화에 대해	We talked about the movie	🔊 우리는 이야기했다 🔊 그 영화에 대해	우리는 그 영화에 대해 이야기했다. 🔊 We talked about the movie.
그 뉴스는 있다 IT에 관해	The news is about IT	🔊 그 뉴스는 있다 🔊 IT에 관해	그 뉴스는 IT에 관한 것이다. 🔊 The news is about IT.
그는 우리에게 말했다 그 여행에 대해	He told us about the trip	🔊 그는 우리에게 말했다 🔊 그 여행에 대해	그는 우리에게 그 여행에 대해 말했다. 🔊 He told us about the trip.

117

{실전}
영어로 말하기
👄
🎧 29-2.mp3

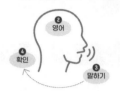

	할 말 떠올리기	영어로 말하고 확인하기
We talked about the movie.	우리는	🔊
	이야기했다	🔊
	뭐에 대해서냐면	🔊
	그	🔊
	영화	🔊
The news is about IT.	그	🔊
	뉴스는	🔊
	있다	🔊
	뭐에 관한 거냐면	🔊
	IT	🔊
He told us about the trip.	그는	🔊
	말했다	🔊
	우리에게	🔊
	뭐에 대해서냐면	🔊
	그	🔊
	여행	🔊

메시지	영어 확인 말하기	메시지 영어 확인 말하기
할 말 떠올리기	**영어로 말하고 확인하기**	**혼자 말하기**
우리는 이야기했다 그 영화에 대해	🔊 🔊	우리는 그 영화에 대해 이야기했다. 🔊
그 뉴스는 있다 IT에 관해	🔊 🔊	그 뉴스는 IT에 관한 것이다. 🔊
그는 우리에게 말했다 그 여행에 대해	🔊 🔊	그는 우리에게 그 여행에 대해 말했다. 🔊

스피킹 매트릭스 `훈련 30일차`

전치사 끊기 훈련 ⑧ from

INPUT	Step 1 단어-단어 말하기 훈련		

{연습}
영어식 사고 훈련

🎧 30-1.mp3

	할 말 떠올리기	영어로 바꾸기	말하고 확인하기
그것은 우리 집에서 멀다.	그것은 있다 먼 상태에 뭐로부터냐면 나의 집	**It's** **far** **from** **my** **house**	🔊 그것은 있다 🔊 먼 상태에 🔊 뭐로부터냐면 🔊 나의 🔊 집
나는 티나에게 메시지를 받았다.	나는 얻었다 하나의 메시지를 누구로부터냐면 티나	**I** **got** **a** **message** **from** **Tina**	🔊 나는 🔊 얻었다 🔊 하나의 🔊 메시지를 🔊 누구로부터냐면 🔊 티나
지금부터 30분 후에 나설 거다.	30분 언제부터냐면 지금 난 할 것이다 나서다는 동작을	**Thirty minutes** **from** **now** **I'll** **leave**	🔊 30분 🔊 언제부터냐면 🔊 지금 🔊 난 할 것이다 🔊 나서다는 동작을

Step 2 청크 연결 훈련			Step 3 문장 훈련
❶ 메시지	❷ 영어	❹ 확인 ❸ 말하기	❶ 메시지 ❷ 영어 ❹ 확인 ❸ 말하기
할 말 떠올리기	**영어로 바꾸기**	**말하고 확인하기**	**문장 완성하기**
그것은 멀다 우리 집에서	**It's far** **from my house**	🔊 그것은 멀다 🔊 우리 집에서	그것은 우리 집에서 멀다. 🔊 **It's far from my house.**
나는 메시지를 받았다 티나에게서	**I got a message** **from Tina**	🔊 나는 메시지를 받았다 🔊 티나에게서	나는 티나에게 메시지를 받았다. 🔊 **I got a message from Tina.**
지금부터 30분 후에 난 나설 거다	**Thirty minutes from now** **I'll leave**	🔊 지금부터 30분 후에 🔊 난 나설 거다	지금부터 30분 후에 나설 거다. 🔊 **Thirty minutes from now I'll leave.**

《실전》
영어로 말하기
👄

🎧 30-2.mp3

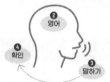

	할 말 떠올리기	영어로 말하고 확인하기
It's far from my house.	그것은 있다 먼 상태에 뭐로부터냐면 나의 집	🔊 🔊 🔊 🔊 🔊
I got a message from Tina.	나는 얻었다 하나의 메시지를 누구로부터냐면 티나	🔊 🔊 🔊 🔊 🔊 🔊
Thirty minutes from now I'll leave.	30분 언제부터냐면 지금 난 할 것이다 나서다는 동작을	🔊 🔊 🔊 🔊 🔊

할 말 떠올리기	영어로 말하고 확인하기	혼자 말하기
그것은 멀다 우리 집에서	🔊 🔊	그것은 우리 집에서 멀다. 🔊
나는 메시지를 받았다 티나에게서	🔊 🔊	나는 티나에게 메시지를 받았다. 🔊
지금부터 30분 후에 난 나설 거다	🔊 🔊	지금부터 30분 후에 나설 거다. 🔊

INPUT

{연습}
영어식 사고 훈련

🎧 31-1.mp3

	할 말 떠올리기	영어로 바꾸기	말하고 확인하기
우리 엄마는 우리가 먹을 음식을 요리하신다.	나의 엄마는 요리한다 누구를 위해서냐면 우리	**My** **mom** **cooks** **for** **us**	🔊 나의 🔊 엄마는 🔊 요리한다 🔊 누구를 위해서냐면 🔊 우리
나는 일주일 동안 다이어트했다.	나는 갔다 무엇 위에냐면 하나의 다이어트 얼마 동안이냐면 하나의 주	**I** **went** **on** **a** **diet** **for** **a** **week**	🔊 나는 🔊 갔다 🔊 무엇 위에냐면 🔊 하나의 🔊 다이어트 🔊 얼마 동안이냐면 🔊 하나의 🔊 주
그것은 나에게 어렵다.	그것은 있다 어려운 상태에 누구에 대해 그러냐면 나	**It's** **hard** **for** **me**	🔊 그것은 있다 🔊 어려운 상태에 🔊 누구에 대해 그러냐면 🔊 나

강의 및 훈련 MP3

	Step 2 청크 연결 훈련		Step 3 문장 훈련
할 말 떠올리기	**영어로 바꾸기**	**말하고 확인하기**	**문장 완성하기**
엄마는 요리하신다 우리를 위해	**My mom cooks** **for us**	🔊 엄마는 요리하신다 🔊 우리를 위해	우리 엄마는 우리가 먹을 음식을 요리하신다. 🔊 **My mom cooks for us.**
나는 다이어트했다 일주일 동안	**I went on a diet** **for a week**	🔊 나는 다이어트했다 🔊 일주일 동안	나는 일주일 동안 다이어트했다. 🔊 **I went on a diet for a week.**
그것은 어렵다 나에게	**It's hard** **for me**	🔊 그것은 어렵다 🔊 나에게	그것은 나에게 어렵다. 🔊 **It's hard for me.**

《실전》
영어로 말하기
👄

🎧 31-2.mp3

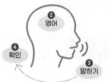

	할 말 떠올리기	영어로 말하고 확인하기
My mom cooks for us.	나의	🔊
	엄마는	🔊
	요리한다	🔊
	누구를 위해서냐면	🔊
	우리	🔊
I went on a diet for a week.	나는	🔊
	갔다	🔊
	무엇 위에냐면	🔊
	하나의	🔊
	다이어트	🔊
	얼마 동안이냐면	🔊
	하나의	🔊
	주	🔊
It's hard for me.	그것은 있다	🔊
	어려운 상태에	🔊
	누구에 대해 그러냐면	🔊
	나	🔊

Step 2 청크로 말하기		Step 3 문장 말하기
할 말 떠올리기	영어로 말하고 확인하기	혼자 말하기
엄마는 요리하신다 우리를 위해	🔊 🔊	우리 엄마는 우리가 먹을 음식을 요리하신다. 🔊
나는 다이어트했다 일주일 동안	🔊 🔊	나는 일주일 동안 다이어트했다. 🔊
그것은 어렵다 나에게	🔊 🔊	그것은 나에게 어렵다. 🔊

| INPUT | Step 1 단어-단어 말하기 훈련 | | |

《연습》
영어식 사고 훈련

∩ 32-1.mp3

	할 말 떠올리기	영어로 바꾸기	말하고 확인하기
나는 그 영화 팬이다.	나는 있다 하나의 팬인 지위에 뭐의 팬이냐면 그 영화	I'm a fan of the movie	🔊 나는 있다 🔊 하나의 🔊 팬인 지위에 🔊 뭐의 팬이냐면 🔊 그 🔊 영화
나는 지역 헬스장 회원이다.	나는 있다 하나의 회원인 지위에 뭐의 회원이냐면 하나의 지역의 헬스장	I'm a member of a local gym	🔊 나는 있다 🔊 하나의 🔊 회원인 지위에 🔊 뭐의 회원이냐면 🔊 하나의 🔊 지역의 🔊 헬스장
나는 그 도시의 지도를 찾았다.	나는 찾았다 하나의 지도를 뭐의 지도냐면 그 도시	I found a map of the city	🔊 나는 🔊 찾았다 🔊 하나의 🔊 지도를 🔊 뭐의 지도냐면 🔊 그 🔊 도시

Step 2 청크 연결 훈련			Step 3 문장 훈련
할 말 떠올리기	**영어로 바꾸기**	**말하고 확인하기**	**문장 완성하기**
나는 팬이다 그 영화의	I'm a fan of the movie	🔊 나는 팬이다 🔊 그 영화의	나는 그 영화 팬이다. 🔊 I'm a fan of the movie.
나는 회원이다 지역 헬스장의	I'm a member of a local gym	🔊 나는 회원이다 🔊 지역 헬스장의	나는 지역 헬스장 회원이다. 🔊 I'm a member of a local gym.
나는 지도를 찾았다 그 도시의	I found a map of the city	🔊 나는 지도를 찾았다 🔊 그 도시의	나는 그 도시의 지도를 찾았다. 🔊 I found a map of the city.

OUTPUT

《실전》
영어로 말하기
👄
🎧 32-2.mp3

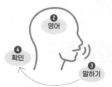

	할 말 떠올리기	영어로 말하고 확인하기
I'm a fan of the movie.	나는 있다	🔊
	하나의	🔊
	팬인 지위에	🔊
	뭐의 팬이냐면	🔊
	그	🔊
	영화	🔊
I'm a member of a local gym.	나는 있다	🔊
	하나의	🔊
	회원인 지위에	🔊
	뭐의 회원이냐면	🔊
	하나의	🔊
	지역의	🔊
	헬스장	🔊
I found a map of the city.	나는	🔊
	찾았다	🔊
	하나의	🔊
	지도를	🔊
	뭐의 지도냐면	🔊
	그	🔊
	도시	🔊

❶메시지	❷영어 ❸말하기 ❹확인	❶메시지 ❷영어 ❸말하기 ❹확인
할 말 떠올리기	**영어로 말하고 확인하기**	**혼자 말하기**
나는 팬이다 그 영화의	🔊 🔊	나는 그 영화 팬이다. 🔊
나는 회원이다 지역 헬스장의	🔊 🔊	나는 지역 헬스장 회원이다. 🔊
나는 지도를 찾았다 그 도시의	🔊 🔊	나는 그 도시의 지도를 찾았다. 🔊

전치사 끊기 훈련⑪ until

Step 1 단어-단어 말하기 훈련

	할 말 떠올리기	영어로 바꾸기	말하고 확인하기
나는 10시까지 공부할 것이다.	나는 할 것이다 공부하다는 동작을 언제까지냐면 10시	**I'm going to** **study** **until** **10**	🔊 나는 할 것이다 🔊 공부하다는 동작을 🔊 언제까지냐면 🔊 10시
그 소음은 자정까지 계속되었다.	그 소음은 지속되었다 언제까지냐면 자정	**The** **noise** **lasted** **until** **midnight**	🔊 그 🔊 소음은 🔊 지속되었다 🔊 언제까지냐면 🔊 자정
우리는 크리스마스까지 뉴욕에 머물렀다.	우리는 머물렀다 어디 안에서냐면 뉴욕 언제까지냐면 크리스마스	**We** **stayed** **in** **New York** **until** **Christmas**	🔊 우리는 🔊 머물렀다 🔊 어디 안에서냐면 🔊 뉴욕 🔊 언제까지냐면 🔊 크리스마스

Step 2 청크 연결 훈련			Step 3 문장 훈련
❶ 메시지	❷ 영어	❹ 확인 ❸ 말하기	❶ 메시지 ❷ 영어 ❹ 확인 ❸ 말하기
할 말 떠올리기	영어로 바꾸기	말하고 확인하기	문장 완성하기
나는 공부할 것이다 10시까지	I'm going to study until 10	🔊 나는 공부할 것이다 🔊 10시까지	나는 10시까지 공부할 것이다. 🔊 I'm going to study until 10.
그 소음은 계속되었다 자정까지	The noise lasted until midnight	🔊 그 소음은 계속되었다 🔊 자정까지	그 소음은 자정까지 계속되었다. 🔊 The noise lasted until midnight.
우리는 뉴욕에 머물렀다 크리스마스까지	We stayed in New York until Christmas	🔊 우리는 뉴욕에 머물렀다 🔊 크리스마스까지	우리는 크리스마스까지 뉴욕에 머물렀다. 🔊 We stayed in New York until Christmas.

Step 1 **한 단어씩 말하기**

① 메시지
② 영어
④ 확인
③ 말하기

할 말 떠올리기	영어로 말하고 확인하기

I'm going to study until 10.

나는 할 것이다	🔊
공부하다는 동작을	🔊
언제까지냐면	🔊
10시	🔊

The noise lasted until midnight.

그	🔊
소음은	🔊
지속되었다	🔊
언제까지냐면	🔊
자정	🔊

We stayed in New York until Christmas.

우리는	🔊
머물렀다	🔊
어디 안에서냐면	🔊
뉴욕	🔊
언제까지냐면	🔊
크리스마스	🔊

❶ 메시지	❷ 영어 ❹ 확인 ❸ 말하기	❶ 메시지 ❷ 영어 ❹ 확인 ❸ 말하기
할 말 떠올리기	**영어로 말하고 확인하기**	**혼자 말하기**
나는 공부할 것이다 10시까지	🔊 🔊	나는 10시까지 공부할 것이다. 🔊
그 소음은 계속되었다 자정까지	🔊 🔊	그 소음은 자정까지 계속되었다. 🔊
우리는 뉴욕에 머물렀다 크리스마스까지	🔊 🔊	우리는 크리스마스까지 뉴욕에 머물렀다. 🔊

스피킹 매트릭스 훈련 34일차

전치사 끊기 훈련 ⑫ in front of

INPUT	Step 1 단어-단어 말하기 훈련		
	❶ 메시지	❷ 영어	❹ 확인 ❸ 말하기
{연습} 영어식 사고 훈련 🎧 34-1.mp3	할 말 떠올리기	영어로 바꾸기	말하고 확인하기
그 차 앞에 자전거가 한 대 있다.	(그곳에는) 있다	**There's**	🔊 (그곳에는) 있다
	하나의	**a**	🔊 하나의
	자전거가	**bike**	🔊 자전거가
	뭐 앞에냐면	**in front of**	🔊 뭐 앞에냐면
	그	**the**	🔊 그
	차	**car**	🔊 차
내 앞에 있던 남자는 키가 컸다.	그	**The**	🔊 그
	남자	**guy**	🔊 남자
	누구 앞에냐면	**in front of**	🔊 누구 앞에냐면
	나	**me**	🔊 나
	있었다	**was**	🔊 있었다
	키가 큰 상태에	**tall**	🔊 키가 큰 상태에
나는 그 건물 앞에 차를 주차했다.	나는	**I**	🔊 나는
	주차했다	**parked**	🔊 주차했다
	나의	**my**	🔊 나의
	차를	**car**	🔊 차를
	어디 앞에냐면	**in front of**	🔊 어디 앞에냐면
	그	**the**	🔊 그
	건물	**building**	🔊 건물

Step 2 청크 연결 훈련			Step 3 문장 훈련
❶ 메시지	❷ 영어	❹ 확인 ❸ 말하기	❶ 메시지 ❷ 영어 ❹ 확인 ❸ 말하기
할 말 떠올리기	**영어로 바꾸기**	**말하고 확인하기**	**문장 완성하기**
자전거가 한 대 있다 그 차 앞에	**There's a bike** **in front of the car**	🔊 자전거가 한 대 있다 🔊 그 차 앞에	그 차 앞에 자전거가 한 대 있다. 🔊 There's a bike in front of the car.
내 앞의 남자는 키가 컸다	**The guy in front of me** **was tall**	🔊 내 앞의 남자는 🔊 키가 컸다	내 앞에 있던 남자는 키가 컸다. 🔊 The guy in front of me was tall.
나는 차를 주차했다 그 건물 앞에	**I parked my car** **in front of the building**	🔊 나는 차를 주차했다 🔊 그 건물 앞에	나는 그 건물 앞에 차를 주차했다. 🔊 I parked my car in front of the building.

OUTPUT

{실전}
영어로 말하기

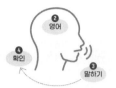

🎧 34-2.mp3

	할 말 떠올리기	영어로 말하고 확인하기
There's a bike in front of the car.	(그곳에는) 있다	🔊
	하나의	🔊
	자전거가	🔊
	뭐 앞에냐면	🔊
	그	🔊
	차	🔊
The guy in front of me was tall.	그	🔊
	남자	🔊
	누구 앞에냐면	🔊
	나	🔊
	있었다	🔊
	키가 큰 상태에	🔊
I parked my car in front of the building.	나는	🔊
	주차했다	🔊
	나의	🔊
	차를	🔊
	어디 앞에냐면	🔊
	그	🔊
	건물	🔊

할 말 떠올리기	영어로 말하고 확인하기	혼자 말하기
		그 차 앞에 자전거가 한 대 있다. 🔊
자전거가 한 대 있다	🔊	
그 차 앞에	🔊	
		내 앞에 있던 남자는 키가 컸다. 🔊
내 앞의 남자는	🔊	
키가 컸다	🔊	
		나는 그 건물 앞에 차를 주차했다. 🔊
나는 차를 주차했다	🔊	
그 건물 앞에	🔊	

전치사 끊기 훈련 ⑬ before

INPUT	Step 1 단어-단어 말하기 훈련		

《연습》
영어식 사고 훈련

🎧 35-1.mp3

	할 말 떠올리기	영어로 바꾸기	말하고 확인하기
나는 저녁식사 전에 그 책을 다 읽었다.	나는 (읽기를) 끝냈다 그 책을 언제 전에냐면 저녁식사	I finished the book before dinner	🔊 나는 🔊 (읽기를) 끝냈다 🔊 그 🔊 책을 🔊 언제 전에냐면 🔊 저녁식사
금요일 전에 그 보고서를 제출했다.	나는 제출했다 그 보고서를 언제 전에냐면 금요일	I submitted the report before Friday	🔊 나는 🔊 제출했다 🔊 그 🔊 보고서를 🔊 언제 전에냐면 🔊 금요일
난 자기 전에 야식을 먹지 않는다.	나는 하지 않는다 먹는다는 동작을 늦은 밤의 간식거리들을 언제 전에냐면 가는 것 어디로냐면 침대	I don't eat late-night snacks before going to bed	🔊 나는 🔊 하지 않는다 🔊 먹는다는 동작을 🔊 늦은 밤의 🔊 간식거리들을 🔊 언제 전에냐면 🔊 가는 것 🔊 어디로냐면 🔊 침대

Step 2 청크 연결 훈련			Step 3 문장 훈련
할 말 떠올리기	**영어로 바꾸기**	**말하고 확인하기**	**문장 완성하기**
난 그 책을 다 읽었다	I finished the book	🔊 난 그 책을 다 읽었다	나는 저녁식사 전에 그 책을 다 읽었다. 🔊 I finished the book before dinner.
저녁식사 전에	before dinner	🔊 저녁식사 전에	
난 그 보고서를 제출했다	I submitted the report	🔊 난 그 보고서를 제출했다	금요일 전에 그 보고서를 제출했다. 🔊 I submitted the report before Friday.
금요일 전에	before Friday	🔊 금요일 전에	
난 야식을 먹지 않는다	I don't eat late-night snacks	🔊 난 야식을 먹지 않는다	난 자기 전에 야식을 먹지 않는다. 🔊 I don't eat late-night snacks before going to bed.
자기 전에	before going to bed	🔊 자기 전에	

Step 1 **한 단어씩 말하기**

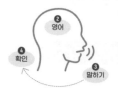

	할 말 떠올리기	영어로 말하고 확인하기
I finished the book before dinner.	나는	🔊
	(읽기를) 끝냈다	🔊
	그	🔊
	책을	🔊
	언제 전에냐면	🔊
	저녁식사	🔊
I submitted the report before Friday.	나는	🔊
	제출했다	🔊
	그	🔊
	보고서를	🔊
	언제 전에냐면	🔊
	금요일	🔊
I don't eat late-night snacks before going to bed.	나는	🔊
	하지 않는다	🔊
	먹는다는 동작을	🔊
	늦은 밤의	🔊
	간식거리들을	🔊
	언제 전에냐면	🔊
	가는 것	🔊
	어디로냐면	🔊
	침대	🔊

Step 2 청크로 말하기		Step 3 문장 말하기
할 말 떠올리기	영어로 말하고 확인하기	혼자 말하기
난 그 책을 다 읽었다 저녁식사 전에	🔊 🔊	나는 저녁식사 전에 그 책을 다 읽었다. 🔊
난 그 보고서를 제출했다 금요일 전에	🔊 🔊	금요일 전에 그 보고서를 제출했다. 🔊
난 야식을 먹지 않는다 자기 전에	🔊 🔊	난 자기 전에 야식을 먹지 않는다. 🔊

INPUT	Step1 단어-단어 말하기 훈련		
{연습} 영어식 사고 훈련 🎧 36-1.mp3	❶ 메시지 ❷ 영어 ❹ 확인 ❸ 말하기		
	할 말 떠올리기	영어로 바꾸기	말하고 확인하기
난 저녁 먹고 나면 이를 닦는다.	나는	I	🔊 나는
	솔질을 한다	brush	🔊 솔질을 한다
	나의	my	🔊 나의
	이들을	teeth	🔊 이들을
	언제 이후에냐면	after	🔊 언제 이후에냐면
	저녁식사	dinner	🔊 저녁식사
우리는 농구하고 나서 점심을 먹었다.	우리는	We	🔊 우리는
	먹었다	had	🔊 먹었다
	점심을	lunch	🔊 점심을
	뭐 이후에냐면	after	🔊 뭐 이후에냐면
	플레이하는 것	playing	🔊 플레이하는 것
	농구를	basketball	🔊 농구를
커피를 마시고 나자 좀 나아졌다.	나는	I	🔊 나는
	느꼈다	felt	🔊 느꼈다
	더 나은 상태를	better	🔊 더 나은 상태를
	뭐 이후에냐면	after	🔊 뭐 이후에냐면
	마시는 것	drinking	🔊 마시는 것
	커피를	coffee	🔊 커피를

강의 및 훈련 MP3

Step 2 청크 연결 훈련			Step 3 문장 훈련
❶ 메시지 ❷ 영어		❹ 확인 ❸ 말하기	❶ 메시지 ❷ 영어 ❹ 확인 ❸ 말하기
할 말 떠올리기	**영어로 바꾸기**	**말하고 확인하기**	**문장 완성하기**
난 이를 닦는다 저녁식사 이후에	**I brush my teeth** **after dinner**	🔊 난 이를 닦는다 🔊 저녁식사 이후에	난 저녁 먹고 나면 이를 닦는다. 🔊 I brush my teeth after dinner.
우리는 점심을 먹었다 농구를 한 후에	**We had lunch** **after playing basketball**	🔊 우리는 점심을 먹었다 🔊 농구를 한 후에	우리는 농구하고 나서 점심을 먹었다. 🔊 We had lunch after playing basketball.
난 기분이 나아졌다 커피를 마시고 나서	**I felt better** **after drinking coffee**	🔊 난 기분이 나아졌다 🔊 커피를 마시고 나서	커피를 마시고 나자 좀 나아졌다. 🔊 I felt better after drinking coffee.

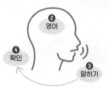
할 말 떠올리기	영어로 말하고 확인하기
I brush my teeth after dinner.	
나는	🔊
솔질을 한다	🔊
나의	🔊
이들을	🔊
언제 이후에냐면	🔊
저녁식사	🔊
We had lunch after playing basketball.	
우리는	🔊
먹었다	🔊
점심을	🔊
뭐 이후에냐면	🔊
플레이하는 것	🔊
농구를	🔊
I felt better after drinking coffee.	
나는	🔊
느꼈다	🔊
더 나은 상태를	🔊
뭐 이후에냐면	🔊
마시는 것	🔊
커피를	🔊

할 말 떠올리기	영어로 말하고 확인하기	혼자 말하기
난 이를 닦는다	🔊	난 저녁 먹고 나면 이를 닦는다. 🔊
저녁식사 이후에	🔊	
우리는 점심을 먹었다	🔊	우리는 농구하고 나서 점심을 먹었다. 🔊
농구를 한 후에	🔊	
난 기분이 나아졌다	🔊	커피를 마시고 나자 좀 나아졌다. 🔊
커피를 마시고 나서	🔊	

| INPUT | Step 1 단어-단어 말하기 훈련 | |

	할 말 떠올리기	영어로 바꾸기	말하고 확인하기
난 버스로 출근한다.	나는 간다 어디로냐면 직장 뭐에 의해서냐면 버스	I go to work by bus	🔊 나는 🔊 간다 🔊 어디로냐면 🔊 직장 🔊 뭐에 의해서냐면 🔊 버스
그 메시지는 짐에 의해 보내졌다.	그 메시지는 있었다 보내진 상태에 누구에 의해서냐면 짐	The message was sent by Jim	🔊 그 🔊 메시지는 🔊 있었다 🔊 보내진 상태에 🔊 누구에 의해서냐면 🔊 짐
나는 식사를 좀 거르면서 살을 좀 뺐다.	나는 잃었다 약간의 체중을 뭐 함으로써냐면 건너뛰는 것 몇몇 식사들을	I lost a little weight by skipping some meals	🔊 나는 🔊 잃었다 🔊 약간의 🔊 체중을 🔊 뭐 함으로써냐면 🔊 건너뛰는 것 🔊 몇몇 🔊 식사들을

강의 및 훈련 MP3

훈련한 날짜 　　　　.　　　　.

소요시간 　　　　　　　분

Step 2 청크 연결 훈련			Step 3 문장 훈련
할 말 떠올리기	영어로 바꾸기	말하고 확인하기	문장 완성하기
난 출근한다 버스로	**I go to work** **by bus**	🔊 난 출근한다 🔊 버스로	난 버스로 출근한다. 🔊 **I go to work by bus.**
그 메시지는 보내졌다 짐에 의해서	**The message was sent** **by Jim**	🔊 그 메시지는 보내졌다 🔊 짐에 의해서	그 메시지는 짐에 의해 보내졌다. 🔊 **The message was sent by Jim.**
난 살을 좀 뺐다 식사를 좀 거름으로써	**I lost a little weight** **by skipping some meals**	🔊 난 살을 좀 뺐다 🔊 식사를 좀 거름으로써	나는 식사를 좀 거르면서 살을 좀 뺐다. 🔊 **I lost a little weight by skipping some meals.**

OUTPUT

《실전》
영어로 말하기
😶

🎧 37-2.mp3

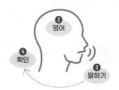

할 말 떠올리기	영어로 말하고 확인하기
나는	🔊
간다	🔊
어디로냐면	🔊
직장	🔊
뭐에 의해서냐면	🔊
버스	🔊

I go to work by bus.

그	🔊
메시지는	🔊
있었다	🔊
보내진 상태에	🔊
누구에 의해서냐면	🔊
짐	🔊

The message was sent by Jim.

나는	🔊
잃었다	🔊
약간의	🔊
체중을	🔊
뭐 함으로써냐면	🔊
건너뛰는 것	🔊
몇몇	🔊
식사들을	🔊

I lost a little weight by skipping some meals.

Step 2 청크로 말하기		Step 3 문장 말하기
할 말 떠올리기	**영어로 말하고 확인하기**	**혼자 말하기**
		난 버스로 출근한다. 🔊
난 출근한다	🔊	
버스로	🔊	
		그 메시지는 짐에 의해 보내졌다. 🔊
그 메시지는 보내졌다	🔊	
짐에 의해서	🔊	
		나는 식사를 좀 거르면서 살을 좀 뺐다. 🔊
난 살을 좀 뺐다	🔊	
식사를 좀 거름으로써	🔊	

DAY 38

접속사 끊기 훈련 ❶ when

INPUT	Step 1 단어-단어 말하기 훈련		

{연습}
영어식 사고 훈련

🎧 38-1.mp3

	할 말 떠올리기	영어로 바꾸기	말하고 확인하기
난 조깅할 때 음악을 듣는다.	언제냐면	When	🔊 언제냐면
	내가	I	🔊 내가
	조깅하다는 동작을 할 때	jog	🔊 조깅하다는 동작을 할 때
	나는	I	🔊 나는
	듣는다	listen	🔊 듣는다
	어느 쪽으로냐면	to	🔊 어느 쪽으로냐면
	음악	music	🔊 음악
난 식사할 때 동영상을 본다.	언제냐면	When	🔊 언제냐면
	내가	I	🔊 내가
	먹는다는 동작을 할 때	eat	🔊 먹는다는 동작을 할 때
	나는	I	🔊 나는
	본다	watch	🔊 본다
	비디오들을	videos	🔊 비디오들을
난 독서할 때 커피를 마신다.	언제냐면	When	🔊 언제냐면
	내가	I	🔊 내가
	읽는다는 동작을 할 때	read	🔊 읽는다는 동작을 할 때
	나는	I	🔊 나는
	마신다	drink	🔊 마신다
	커피를	coffee	🔊 커피를

강의 및 훈련 MP3

Step 2 청크 연결 훈련			Step 3 문장 훈련
① 메시지	② 영어	④ 확인 ③ 말하기	① 메시지 ② 영어 ④ 확인 ③ 말하기
할 말 떠올리기	영어로 바꾸기	말하고 확인하기	문장 완성하기
난 조깅할 때 난 음악을 듣는다	When I jog I listen to music	🔊 난 조깅할 때 🔊 난 음악을 듣는다	난 조깅할 때 음악을 듣는다. 🔊 When I jog I listen to music.
난 식사할 때 난 동영상을 본다	When I eat I watch videos	🔊 난 식사할 때 🔊 난 동영상을 본다	난 식사할 때 동영상을 본다. 🔊 When I eat I watch videos.
난 독서할 때 난 커피를 마신다	When I read I drink coffee	🔊 난 독서할 때 🔊 난 커피를 마신다	난 독서할 때 커피를 마신다. 🔊 When I read I drink coffee.

{실전} 영어로 말하기

👄

🎧 38-2.mp3

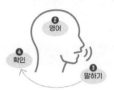

	할 말 떠올리기	영어로 말하고 확인하기
When I jog I listen to music.	언제냐면	🔊
	내가	🔊
	조깅하다는 동작을 할 때	🔊
	나는	🔊
	듣는다	🔊
	어느 쪽으로냐면	🔊
	음악	🔊
When I eat I watch videos.	언제냐면	🔊
	내가	🔊
	먹는다는 동작을 할 때	🔊
	나는	🔊
	본다	🔊
	비디오들을	🔊
When I read I drink coffee.	언제냐면	🔊
	내가	🔊
	읽는다는 동작을 할 때	🔊
	나는	🔊
	마신다	🔊
	커피를	🔊

Step 2 청크로 말하기		Step 3 문장 말하기
할 말 떠올리기	영어로 말하고 확인하기	혼자 말하기
난 조깅할 때 난 음악을 듣는다	🔊 🔊	난 조깅할 때 음악을 듣는다. 🔊
난 식사할 때 난 동영상을 본다	🔊 🔊	난 식사할 때 동영상을 본다. 🔊
난 독서할 때 난 커피를 마신다	🔊 🔊	난 독서할 때 커피를 마신다. 🔊

접속사 끊기 훈련 ② after

INPUT	Step 1 단어-단어 말하기 훈련		
{연습} **영어식 사고 훈련** 🎧 39-1.mp3	**①** 메시지	**②** 영어	**④** 확인 / **③** 말하기
	할 말 떠올리기	**영어로 바꾸기**	**말하고 확인하기**
난 식사하고 나서 이를 닦는다.	뭐 이후냐면 내가 먹는다는 동작 이후 나는 솔질을 한다 나의 이들을	After I eat I brush my teeth	🔊 뭐 이후냐면 🔊 내가 🔊 먹는다는 동작 이후 🔊 나는 🔊 솔질을 한다 🔊 나의 🔊 이들을
난 영화 하나 보고 나서 저녁을 먹었다.	뭐 이후냐면 내가 봤다는 동작 이후 하나의 영화를 나는 먹었다 저녁을	After I watched a movie I had dinner	🔊 뭐 이후냐면 🔊 내가 🔊 봤다는 동작 이후 🔊 하나의 🔊 영화를 🔊 나는 🔊 먹었다 🔊 저녁을
난 농구를 하고 나서 집에 갔다	뭐 이후냐면 내가 플레이했다는 동작 이후 농구를 나는 갔다 집에	After I played basketball I went home	🔊 뭐 이후냐면 🔊 내가 🔊 플레이했다는 동작 이후 🔊 농구를 🔊 나는 🔊 갔다 🔊 집에

Step 2 청크 연결 훈련			Step 3 문장 훈련
❶ 메시지	❷ 영어	❹ 확인　❸ 말하기	❶ 메시지　❷ 영어　❹ 확인　❸ 말하기
할 말 떠올리기	**영어로 바꾸기**	**말하고 확인하기**	**문장 완성하기**
난 식사하고 나서 난 이를 닦는다	**After I eat** **I brush my teeth**	🔊 난 식사하고 나서 🔊 난 이를 닦는다	난 식사하고 나서 이를 닦는다. 🔊 After I eat I brush my teeth.
난 영화 하나 보고 나서 난 저녁을 먹었다	**After I watched a movie** **I had dinner**	🔊 난 영화 하나 　보고 나서 🔊 난 저녁을 먹었다	난 영화 하나 보고 나서 저녁을 먹었다. 🔊 After I watched a movie I had dinner.
난 농구를 하고 나서 집에 갔다	**After I played basketball** **I went home**	🔊 난 농구를 하고 　나서 🔊 집에 갔다	난 농구를 하고 나서 집에 갔다. 🔊 After I played basketball I went home.

157

OUTPUT

{실전}
영어로 말하기

 39-2.mp3

 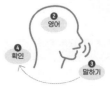

할 말 떠올리기	영어로 말하고 확인하기
뭐 이후냐면	🔊
내가	🔊
먹는다는 동작 이후	🔊
나는	🔊
솔질을 한다	🔊
나의	🔊
이들을	🔊

After I eat I brush my teeth.

뭐 이후냐면	🔊
내가	🔊
봤다는 동작 이후	🔊
하나의	🔊
영화를	🔊
나는	🔊
먹었다	🔊
저녁을	🔊

After I watched a movie I had dinner.

뭐 이후냐면	🔊
내가	🔊
플레이했다는 동작 이후	🔊
농구를	🔊
나는	🔊
갔다	🔊
집에	🔊

After I played basketball I went home.

할 말 떠올리기	**영어로 말하고 확인하기**	**혼자 말하기**
난 식사하고 나서 난 이를 닦는다	🔊 🔊	난 식사하고 나서 이를 닦는다. 🔊
난 영화 하나 보고 나서 난 저녁을 먹었다	🔊 🔊	난 영화 하나 보고 나서 저녁을 먹었다. 🔊
난 농구를 하고 나서 집에 갔다	🔊 🔊	난 농구를 하고 나서 집에 갔다. 🔊

접속사 끊기 훈련 ❸ before

INPUT	Step 1 단어-단어 말하기 훈련		
{연습} **영어식 사고 훈련** 🎧 40-1.mp3	❶ 메시지	❷ 영어	❹ 확인 / ❸ 말하기
	할 말 떠올리기	영어로 바꾸기	말하고 확인하기
난 자기 전에 **우유를 마신다.**	뭐 전에냐면 내가 간다는 동작 전에 어디로냐면 침대 나는 마신다 우유를	**Before** **I** **go** **to** **bed** **I** **drink** **milk**	🔊 뭐 전에냐면 🔊 내가 🔊 간다는 동작 전에 🔊 어디로냐면 🔊 침대 🔊 나는 🔊 마신다 🔊 우유를
우리는 회의가 시작하기 **전에 정보를 공유한다.**	우리는 공유한다 정보를 뭐 전에냐면 하나의 회의가 시작한다는 동작 전에	**We** **share** **information** **before** **a** **meeting** **starts**	🔊 우리는 🔊 공유한다 🔊 정보를 🔊 뭐 전에냐면 🔊 하나의 🔊 회의가 🔊 시작한다는 동작 전에
난 말하기 전에 **두 번 생각한다.**	뭐 전에냐면 내가 말한다는 동작 전에 나는 생각한다 두 번	**Before** **I** **speak** **I** **think** **twice**	🔊 뭐 전에냐면 🔊 내가 🔊 말한다는 동작 전에 🔊 나는 🔊 생각한다 🔊 두 번

Step 2 청크 연결 훈련			Step 3 문장 훈련
❶ 메시지	❷ 영어	❹ 확인 ❸ 말하기	❹ 확인 ❷ 영어 ❶ 메시지 ❸ 말하기
할 말 떠올리기	**영어로 바꾸기**	**말하고 확인하기**	**문장 완성하기**
난 자기 전에 난 우유를 마신다	**Before I go to bed** **I drink milk**	🔊 난 자기 전에 🔊 난 우유를 마신다	난 자기 전에 우유를 마신다. 🔊 Before I go to bed I drink milk.
우리는 정보를 공유한다 회의가 시작하기 전에	**We share information** **before a meeting starts**	🔊 우리는 정보를 공유한다 🔊 회의가 시작하기 전에	우리는 회의가 시작하기 전에 정보를 공유한다. 🔊 We share information before a meeting starts.
난 말하기 전에 난 두 번 생각한다	**Before I speak** **I think twice**	🔊 난 말하기 전에 🔊 난 두 번 생각한다	난 말하기 전에 두 번 생각한다. 🔊 Before I speak I think twice.

161

OUTPUT

{실전}
영어로 말하기
😛

🎧 40-2.mp3

	할 말 떠올리기	영어로 말하고 확인하기
Before I go to bed I drink milk.	뭐 전에냐면	🔊
	내가	🔊
	간다는 동작 전에	🔊
	어디로냐면	🔊
	침대	🔊
	나는	🔊
	마신다	🔊
	우유를	🔊
We share information before a meeting starts.	우리는	🔊
	공유한다	🔊
	정보를	🔊
	뭐 전에냐면	🔊
	하나의	🔊
	회의가	🔊
	시작한다는 동작 전에	🔊
Before I speak I think twice.	뭐 전에냐면	🔊
	내가	🔊
	말한다는 동작 전에	🔊
	나는	🔊
	생각한다	🔊
	두 번	🔊

할 말 떠올리기	영어로 말하고 확인하기	혼자 말하기
		난 자기 전에 우유를 마신다.
난 자기 전에	🔊	🔊
난 우유를 마신다	🔊	
우리는 정보를 공유한다	🔊	우리는 회의가 시작하기 전에 정보를 공유한다. 🔊
회의가 시작하기 전에	🔊	
난 말하기 전에	🔊	난 말하기 전에 두 번 생각한다. 🔊
난 두 번 생각한다	🔊	

접속사 끊기 훈련 ④ if

INPUT	Step 1 단어-단어 말하기 훈련		
	❶ 메시지	❷ 영어	❹ 확인 ❸ 말하기
《연습》 영어식 사고 훈련 🎧 41-1.mp3	할 말 떠올리기	영어로 바꾸기	말하고 확인하기
비가 오면 우리는 계획을 변경할 것이다.	만약 날씨인 그것이 비가 온다면 우리는 할 것이다 변경한다는 동작을 우리의 계획들을	**If** **it** **rains** **we** **will** **change** **our** **plans**	🔊 만약 🔊 날씨인 그것이 🔊 비가 온다면 🔊 우리는 🔊 할 것이다 🔊 변경한다는 동작을 🔊 우리의 🔊 계획들을
나는 실패하면 다시 시도할 것이다.	만약 내가 실패한다면 나는 할 것이다 시도한다는 동작을 다시	**If** **I** **fail** **I** **will** **try** **again**	🔊 만약 🔊 내가 🔊 실패한다면 🔊 나는 🔊 할 것이다 🔊 시도한다는 동작을 🔊 다시
넌 지금 가면 버스를 탈 수 있을 것이다.	만약 네가 간다면 지금 너는 할 수 있다 탄다는 동작을 그 버스를	**If** **you** **go** **now** **you** **can** **take** **the** **bus**	🔊 만약 🔊 네가 🔊 간다면 🔊 지금 🔊 너는 🔊 할 수 있다 🔊 탄다는 동작을 🔊 그 🔊 버스를

	Step 2 청크 연결 훈련		Step 3 문장 훈련
할 말 떠올리기	영어로 바꾸기	말하고 확인하기	문장 완성하기
비가 오면 우리는 계획을 변경할 것이다	**If it rains** **we will change our plans**	🔊 비가 오면 🔊 우리는 계획을 변경할 것이다	비가 오면 우리는 계획을 변경할 것이다. 🔊 **If it rains we will change our plans.**
내가 실패하면 나는 다시 시도할 것이다	**If I fail** **I will try again**	🔊 내가 실패하면 🔊 나는 다시 시도할 것이다	나는 실패하면 다시 시도할 것이다. 🔊 **If I fail I will try again.**
네가 지금 가면 너는 그 버스를 탈 수 있을 것이다	**If you go now** **you can take the bus**	🔊 네가 지금 가면 🔊 너는 그 버스를 탈 수 있을 것이다	넌 지금 가면 버스를 탈 수 있을 것이다. 🔊 **If you go now you can take the bus.**

{실전}
영어로 말하기

👄

🎧 41-2.mp3

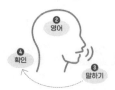

할 말 떠올리기	영어로 말하고 확인하기
If it rains we will change our plans.	
만약	🔊
날씨인 그것이	🔊
비가 온다면	🔊
우리는	🔊
할 것이다	🔊
변경한다는 동작을	🔊
우리의	🔊
계획들을	🔊
If I fail I will try again.	
만약	🔊
내가	🔊
실패한다면	🔊
나는	🔊
할 것이다	🔊
시도한다는 동작을	🔊
다시	🔊
If you go now you can take the bus.	
만약	🔊
네가	🔊
간다면	🔊
지금	🔊
너는	🔊
할 수 있다	🔊
탄다는 동작을	🔊
그	🔊
버스를	🔊

할 말 떠올리기	영어로 말하고 확인하기	혼자 말하기
비가 오면 우리는 계획을 변경할 것이다	🔊 🔊	비가 오면 우리는 계획을 변경할 것이다. 🔊
내가 실패하면 나는 다시 시도할 것이다	🔊 🔊	나는 실패하면 다시 시도할 것이다. 🔊
네가 지금 가면 너는 그 버스를 탈 수 있을 것이다	🔊 🔊	넌 지금 가면 버스를 탈 수 있을 것이다. 🔊

DAY 42

접속사 끊기 훈련 ⑤ whether

INPUT	Step 1 단어-단어 말하기 훈련

{연습}
영어식 사고 훈련

🎧 42-1.mp3

	할 말 떠올리기	영어로 바꾸기	말하고 확인하기
나는 그것이 옳은지 그른지 모르겠다.	나는 있지 않다 확실한 상태에 뭔지 아닌지냐면 그것이 있는지 옳은 상태에 또는 잘못된 상태에	I'm not sure whether it's right or wrong	🔊 나는 있지 않다 🔊 확실한 상태에 🔊 뭔지 아닌지냐면 🔊 그것이 있는지 🔊 옳은 상태에 🔊 또는 🔊 잘못된 상태에
난 그것이 성공할지 궁금하다.	나는 궁금하다 뭔지 아닌지냐면 그것이 할 것인지 있다 성공적인 상태에	I wonder whether it will be successful	🔊 나는 🔊 궁금하다 🔊 뭔지 아닌지냐면 🔊 그것이 🔊 할 것인지 🔊 있다 🔊 성공적인 상태에
그것이 사실인지 확인할 것이다.	나는 할 것이다 확인한다는 동작을 뭔지 아닌지냐면 그것이 있는지 진짜인 상태에	I will check whether it's true	🔊 나는 🔊 할 것이다 🔊 확인한다는 동작을 🔊 뭔지 아닌지냐면 🔊 그것이 있는지 🔊 진짜인 상태에

Step 2 청크 연결 훈련			Step 3 문장 훈련
할 말 떠올리기	**영어로 바꾸기**	**말하고 확인하기**	**문장 완성하기**
난 잘 모르겠다 그것이 옳은지 그른지	I'm not sure whether it's right or wrong	🔊 난 잘 모르겠다 🔊 그것이 옳은지 그른지	나는 그것이 옳은지 그른지 모르겠다. 🔊 I'm not sure whether it's right or wrong.
난 궁금하다 그것이 성공적일지	I wonder whether it will be successful	🔊 난 궁금하다 🔊 그것이 성공적일지	난 그것이 성공할지 궁금하다. 🔊 I wonder whether it will be successful.
난 확인할 것이다 그것이 사실인지	I will check whether it's true	🔊 난 확인할 것이다 🔊 그것이 사실인지	그것이 사실인지 확인할 것이다. 🔊 I will check whether it's true.

Step 1 **한 단어씩 말하기**

{실전}
영어로 말하기
👄
🎧 42-2.mp3

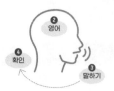

할 말 떠올리기	영어로 말하고 확인하기
I'm not sure whether it's right or wrong.	
나는 있지 않다	🔊
확실한 상태에	🔊
뭐인지 아닌지냐면	🔊
그것이 있는지	🔊
옳은 상태에	🔊
또는	🔊
잘못된 상태에	🔊
I wonder whether it will be successful.	
나는	🔊
궁금하다	🔊
뭐인지 아닌지냐면	🔊
그것이	🔊
할 것인지	🔊
있다	🔊
성공적인 상태에	🔊
I will check whether it's true.	
나는	🔊
할 것이다	🔊
확인한다는 동작을	🔊
뭐인지 아닌지냐면	🔊
그것이 있는지	🔊
진짜인 상태에	🔊

할 말 떠올리기	영어로 말하고 확인하기	혼자 말하기
난 잘 모르겠다 그것이 옳은지 그른지	🔊 🔊	나는 그것이 옳은지 그른지 모르겠다. 🔊
난 궁금하다 그것이 성공적일지	🔊 🔊	난 그것이 성공할지 궁금하다. 🔊
난 확인할 것이다 그것이 사실인지	🔊 🔊	그것이 사실인지 확인할 것이다. 🔊

스피킹 매트릭스 훈련 43일차

접속사 끊기 훈련 ⑥ while

INPUT	Step 1 단어-단어 말하기 훈련		
《연습》 **영어식 사고 훈련** ⌒⌒ 🎧 43-1.mp3	**❶ 메시지** / **❷ 영어** / **❹ 확인** / **❸ 말하기**		
	할 말 떠올리기	영어로 바꾸기	말하고 확인하기
난 먹으면서 말하지 않는다.	나는 하지 않는다 말한다는 동작을 뭐 동안이냐면 먹고 있는 동안	I don't talk while eating	🔊 나는 🔊 하지 않는다 🔊 말한다는 동작을 🔊 뭐 동안이냐면 🔊 먹고 있는 동안
내가 자고 있는 동안 친구가 문자를 보냈다.	나의 친구가 문자했다 나에게 뭐 동안이냐면 내가 있었던 동안 잠들어 있는 상태에	My friend texted me while I was asleep	🔊 나의 🔊 친구가 🔊 문자했다 🔊 나에게 🔊 뭐 동안이냐면 🔊 내가 🔊 있었던 동안 🔊 잠들어 있는 상태에
난 운전하고 있는 동안에는 폰을 보지 않는다.	나는 하지 않는다 본다는 동작을 콕 찍어 뭘 보냐면 나의 폰을 뭐 동안이냐면 내가 있는 동안 운전하고 있는 상태에	I don't look at my phone while I'm driving	🔊 나는 🔊 하지 않는다 🔊 본다는 동작을 🔊 콕 찍어 뭘 보냐면 🔊 나의 🔊 폰을 🔊 뭐 동안이냐면 🔊 내가 있는 동안 🔊 운전하고 있는 상태에

Step 2 청크 연결 훈련			Step 3 문장 훈련
할 말 떠올리기	영어로 바꾸기	말하고 확인하기	문장 완성하기
난 말하지 않는다 먹는 동안	I don't talk while eating	🔊 난 말하지 않는다 🔊 먹는 동안	난 먹으면서 말하지 않는다. 🔊 I don't talk while eating.
내 친구가 문자를 보냈다 내가 자고 있었던 동안	My friend texted me while I was asleep	🔊 내 친구가 문자를 보냈다 🔊 내가 자고 있었던 동안	내가 자고 있는 동안 친구가 문자를 보냈다. 🔊 My friend texted me while I was asleep.
난 폰을 보지 않는다 운전하고 있는 동안	I don't look at my phone while I'm driving	🔊 난 폰을 보지 않는다 🔊 운전하고 있는 동안	난 운전하고 있는 동안에는 폰을 보지 않는다. 🔊 I don't look at my phone while I'm driving.

173

OUTPUT

{실전}
영어로 말하기
👄
🎧 43-2.mp3

	할 말 떠올리기	영어로 말하고 확인하기
I don't talk while eating.	나는 하지 않는다 말한다는 동작을 뭐 동안이냐면 먹고 있는 동안	🔊 🔊 🔊 🔊 🔊
My friend texted me while I was asleep.	나의 친구가 문자했다 나에게 뭐 동안이냐면 내가 있었던 동안 잠들어 있는 상태에	🔊 🔊 🔊 🔊 🔊 🔊 🔊 🔊
I don't look at my phone while I'm driving.	나는 하지 않는다 본다는 동작을 콕 찍어 뭘 보냐면 나의 폰을 뭐 동안이냐면 내가 있는 동안 운전하고 있는 상태에	🔊 🔊 🔊 🔊 🔊 🔊 🔊 🔊 🔊

할 말 떠올리기	영어로 말하고 확인하기	혼자 말하기
난 말하지 않는다 먹는 동안	🔊 🔊	난 먹으면서 말하지 않는다. 🔊
내 친구가 문자를 보냈다 내가 자고 있었던 동안	🔊 🔊	내가 자고 있는 동안 친구가 문자를 보냈다. 🔊
난 폰을 보지 않는다 운전하고 있는 동안	🔊 🔊	난 운전하고 있는 동안에는 폰을 보지 않는다. 🔊

DAY 44

접속사 끊기 훈련 ❼ because

{연습}
영어식 사고 훈련

🎧 44-1.mp3

Step 1	단어-단어 말하기 훈련	
❶ 메시지	❷ 영어	❹ 확인 ❸ 말하기
할 말 떠올리기	영어로 바꾸기	말하고 확인하기
나는	I	🔊 나는
할 수 없었다	couldn't	🔊 할 수 없었다
잔다는 동작을	sleep	🔊 잔다는 동작을
왜냐면	because	🔊 왜냐면
날씨 그것이	it	🔊 날씨 그것이
있었기 때문에	was	🔊 있었기 때문에
너무	so	🔊 너무
더운 상태에	hot	🔊 더운 상태에
그	The	🔊 그
회의는	meeting	🔊 회의는
진행되었다	ran	🔊 진행되었다
시간을 넘겨서	over	🔊 시간을 넘겨서
왜냐면	because	🔊 왜냐면
그가	he	🔊 그가
있었기 때문에	was	🔊 있었기 때문에
늦은 상태에	late	🔊 늦은 상태에
나는	I	🔊 나는
하지 않았다	didn't	🔊 하지 않았다
사용한다는 동작을	use	🔊 사용한다는 동작을
나의	my	🔊 나의
신용카드를	credit card	🔊 신용카드를
왜냐면	because	🔊 왜냐면
그것이	it	🔊 그것이
가졌기 때문에	had	🔊 가졌기 때문에
만료된 상태를	expired	🔊 만료된 상태를

난 너무 더워서 잠을 못 잤다.

그가 늦어서 회의가 늦게 끝났다.

신용카드가 만료돼서 난 쓰지 않았다.

Step 2 청크 연결 훈련			Step 3 문장 훈련
할 말 떠올리기	영어로 바꾸기	말하고 확인하기	문장 완성하기
난 잠을 못 잤다 너무 더워서	I couldn't sleep because it was so hot	🔊 난 잠을 못 잤다 🔊 너무 더워서	난 너무 더워서 잠을 못 잤다. 🔊 I couldn't sleep because it was so hot.
회의가 늦게 끝났다 그가 늦어서	The meeting ran over because he was late	🔊 회의가 늦게 끝났다 🔊 그가 늦어서	그가 늦어서 회의가 늦게 끝났다. 🔊 The meeting ran over because he was late.
난 내 신용카드를 쓰지 않았다 그것이 만료돼서	I didn't use my credit card because it had expired	🔊 난 내 신용카드를 쓰지 않았다 🔊 그것이 만료돼서	신용카드가 만료돼서 난 쓰지 않았다. 🔊 I didn't use my credit card because it had expired.

OUTPUT

《실전》
영어로 말하기

🎧 44-2.mp3

① 메시지

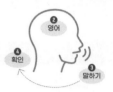
② 영어
④ 확인
③ 말하기

할 말 떠올리기	영어로 말하고 확인하기
I couldn't sleep because it was so hot.	
나는	🔊
할 수 없었다	🔊
잔다는 동작을	🔊
왜냐면	🔊
날씨 그것이	🔊
있었기 때문에	🔊
너무	🔊
더운 상태에	🔊
The meeting ran over because he was late.	
그	🔊
회의는	🔊
진행되었다	🔊
시간을 넘겨서	🔊
왜냐면	🔊
그가	🔊
있었기 때문에	🔊
늦은 상태에	🔊
I didn't use my credit card because it had expired.	
나는	🔊
하지 않았다	🔊
사용한다는 동작을	🔊
나의	🔊
신용카드를	🔊
왜냐면	🔊
그것이	🔊
가졌기 때문에	🔊
만료된 상태를	🔊

Step 2 청크로 말하기		Step 3 문장 말하기
할 말 떠올리기	**영어로 말하고 확인하기**	**혼자 말하기**
난 잠을 못 잤다	🔊	난 너무 더워서 잠을 못 잤다. 🔊
너무 더워서	🔊	
회의가 늦게 끝났다	🔊	그가 늦어서 회의가 늦게 끝났다. 🔊
그가 늦어서	🔊	
난 내 신용카드를 쓰지 않았다	🔊	신용카드가 만료돼서 난 쓰지 않았다. 🔊
그것이 만료돼서	🔊	

접속사 끊기 훈련 ❽ until

| INPUT | Step 1 단어-단어 말하기 훈련 | | |

{연습}
영어식 사고 훈련

🎧 45-1.mp3

	할 말 떠올리기	영어로 바꾸기	말하고 확인하기
우리는 비가 그칠 때까지 행사를 미뤘다.	우리는 지연시켰다 그 행사를 언제까지냐면 그 비가 멈췄을 때까지	We delayed the event until the rain stopped	🔊 우리는 🔊 지연시켰다 🔊 그 🔊 행사를 🔊 언제까지냐면 🔊 그 🔊 비가 🔊 멈췄을 때까지
모두 올 때까지 회의는 시작하지 않을 것이다.	그 회의는 하지 않을 것이다 시작한다는 행위를 언제까지냐면 모두가 도착할 때까지	The meeting will not start until everyone arrives	🔊 그 🔊 회의는 🔊 하지 않을 것이다 🔊 시작한다는 행위를 🔊 언제까지냐면 🔊 모두가 🔊 도착할 때까지
난 준비될 때까지 계속 노력할 것이다.	나는 할 것이다 유지한다는 동작을 노력하는 것을 언제까지냐면 내가 있을 때까지 준비된 상태에	I'll keep trying until I'm ready	🔊 나는 할 것이다 🔊 유지한다는 동작을 🔊 노력하는 것을 🔊 언제까지냐면 🔊 내가 있을 때까지 🔊 준비된 상태에

강의 및 훈련 MP3

Step 2 청크 연결 훈련			Step 3 문장 훈련
❶ 메시지	❷ 영어	❹ 확인　❸ 말하기	❹ 확인　❶ 메시지　❷ 영어　❸ 말하기
할 말 떠올리기	**영어로 바꾸기**	**말하고 확인하기**	**문장 완성하기**
우리는 행사를 미뤘다	**We delayed the event**	◁» 우리는 행사를 미뤘다	우리는 비가 그칠 때까지 행사를 미뤘다. ◁» **We delayed the event until the rain stopped.**
비가 그쳤을 때까지	**until the rain stopped**	◁» 비가 그쳤을 때까지	
회의는 시작하지 않을 것이다	**The meeting will not start**	◁» 회의는 시작하지 않을 것이다	모두 올 때까지 회의는 시작하지 않을 것이다. ◁» **The meeting will not start until everyone arrives.**
모두 도착할 때까지	**until everyone arrives**	◁» 모두 도착할 때까지	
난 계속 노력할 것이다	**I'll keep trying**	◁» 난 계속 노력할 것이다	난 준비될 때까지 계속 노력할 것이다. ◁» **I'll keep trying until I'm ready.**
내가 준비될 때까지	**until I'm ready**	◁» 내가 준비될 때까지	

OUTPUT

《실전》
영어로 말하기
👄

🎧 45-2.mp3

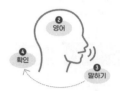

	할 말 떠올리기	영어로 말하고 확인하기
We delayed the event until the rain stopped.	우리는	🔊
	지연시켰다	🔊
	그	🔊
	행사를	🔊
	언제까지냐면	🔊
	그	🔊
	비가	🔊
	멈췄을 때까지	🔊
The meeting will not start until everyone arrives.	그	🔊
	회의는	🔊
	하지 않을 것이다	🔊
	시작한다는 행위를	🔊
	언제까지냐면	🔊
	모두가	🔊
	도착할 때까지	🔊
I'll keep trying until I'm ready.	나는 할 것이다	🔊
	유지한다는 동작을	🔊
	노력하는 것을	🔊
	언제까지냐면	🔊
	내가 있을 때까지	🔊
	준비된 상태에	🔊

Step 2 청크로 말하기		Step 3 문장 말하기
할 말 떠올리기	영어로 말하고 확인하기	혼자 말하기
우리는 행사를 미뤘다	🔊	우리는 비가 그칠 때까지 행사를 미뤘다. 🔊
비가 그쳤을 때까지	🔊	
회의는 시작하지 않을 것이다	🔊	모두 올 때까지 회의는 시작하지 않을 것이다. 🔊
모두 도착할 때까지	🔊	
난 계속 노력할 것이다	🔊	난 준비될 때까지 계속 노력할 것이다. 🔊
내가 준비될 때까지	🔊	

INPUT	Step 1 단어-단어 말하기 훈련		

{연습} 영어식 사고 훈련

🎧 46-1.mp3

	할 말 떠올리기	영어로 바꾸기	말하고 확인하기
좋은 습관을 기르는 데는 시간이 걸린다.	그것은	It	🔊 그것은
	필요로 한다	takes	🔊 필요로 한다
	시간을	time	🔊 시간을
	그것이 뭐냐면	to	🔊 그것이 뭐냐면
	개발하는 것	develop	🔊 개발하는 것
	하나의	a	🔊 하나의
	좋은	good	🔊 좋은
	습관을	habit	🔊 습관을
먼저 사과하는 것은 어렵다.	그것은 있다	It's	🔊 그것은 있다
	어려운 상태에	hard	🔊 어려운 상태에
	그것이 뭐냐면	to	🔊 그것이 뭐냐면
	말하는 것	say	🔊 말하는 것
	미안하다고	sorry	🔊 미안하다고
	먼저	first	🔊 먼저
새로 일을 시작하는 것은 좋은 생각이다.	그것은 있다	It's	🔊 그것은 있다
	하나의	a	🔊 하나의
	좋은	good	🔊 좋은
	생각이라는 상태에	idea	🔊 생각이라는 상태에
	그것이 뭐냐면	to	🔊 그것이 뭐냐면
	시작하는 것	start	🔊 시작하는 것
	하나의	a	🔊 하나의
	새로운	new	🔊 새로운
	직업을	career	🔊 직업을

Step 2 청크 연결 훈련			Step 3 문장 훈련
❶ 메시지	❷ 영어	❹ 확인 ❸ 말하기	❷ 영어 ❶ 메시지 ❹ 확인 ❸ 말하기
할 말 떠올리기	**영어로 바꾸기**	**말하고 확인하기**	**문장 완성하기**
그것은 시간이 걸린다	It takes time	◁» 그것은 시간이 걸린다	좋은 습관을 기르는 데는 시간이 걸린다. ◁» It takes time to develop a good habit.
좋은 습관을 기르는 것은	to develop a good habit	◁» 좋은 습관을 기르는 것은	
그것은 어려운 상태에 있다	It's hard	◁» 그것은 어려운 상태에 있다	먼저 사과하는 것은 어렵다. ◁» It's hard to say sorry first.
먼저 사과하는 것은	to say sorry first	◁» 먼저 사과하는 것은	
그것은 좋은 생각이다	It's a good idea	◁» 그것은 좋은 생각이다	새로 일을 시작하는 것은 좋은 생각이다. ◁» It's a good idea to start a new career.
새로 일을 시작하는 것은	to start a new career	◁» 새로 일을 시작하는 것은	

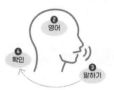
할 말 떠올리기	영어로 말하고 확인하기
It takes time to develop a good habit.	
그것은	🔊
필요로 한다	🔊
시간을	🔊
그것이 뭐냐면	🔊
개발하는 것	🔊
하나의	🔊
좋은	🔊
습관을	🔊
It's hard to say sorry first.	
그것은 있다	🔊
어려운 상태에	🔊
그것이 뭐냐면	🔊
말하는 것	🔊
미안하다고	🔊
먼저	🔊
It's a good idea to start a new career.	
그것은 있다	🔊
하나의	🔊
좋은	🔊
생각이라는 상태에	🔊
그것이 뭐냐면	🔊
시작하는 것	🔊
하나의	🔊
새로운	🔊
직업을	🔊

할 말 떠올리기	영어로 말하고 확인하기	혼자 말하기
		좋은 습관을 기르는 데는 시간이 걸린다. 🔊
그것은 시간이 걸린다	🔊	
좋은 습관을 기르는 것은	🔊	
		먼저 사과하는 것은 어렵다. 🔊
그것은 어려운 상태에 있다	🔊	
먼저 사과하는 것은	🔊	
		새로 일을 시작하는 것은 좋은 생각이다. 🔊
그것은 좋은 생각이다	🔊	
새로 일을 시작하는 것은	🔊	

INPUT	Step1 단어-단어 말하기 훈련

{연습}
영어식 사고 훈련

🎧 47-1.mp3

	할 말 떠올리기	영어로 바꾸기	말하고 확인하기
그들과 말싸움을 안 하는 것이 제일 좋다.	그것은 있다 제일 좋은 상태에 그것은 뭐냐면 네가 하지 않는 것 말다툼하다는 동작을 누구와 함께냐면 그들	It's best that you don't argue with them	🔊 그것은 있다 🔊 제일 좋은 상태에 🔊 그것은 뭐냐면 🔊 네가 🔊 하지 않는 것 🔊 말다툼하다는 동작을 🔊 누구와 함께냐면 🔊 그들
너 스스로의 결정을 내리는 것이 더 낫다.	그것은 있다 더 나은 상태에 그것은 뭐냐면 네가 만드는 것 너의 스스로의 결정을	It's better that you make your own decision	🔊 그것은 있다 🔊 더 나은 상태에 🔊 그것은 뭐냐면 🔊 네가 🔊 만드는 것 🔊 너의 🔊 스스로의 🔊 결정을
그들과 같이 훌륭한 친구들이 있다는 것은 좋은 일이다.	그것은 있다 좋은 상태에 그것은 뭐냐면 내가 갖고 있는 것 훌륭한 친구들을 누구 같냐면 그들	It's good that I have great friends like them	🔊 그것은 있다 🔊 좋은 상태에 🔊 그것은 뭐냐면 🔊 내가 🔊 갖고 있는 것 🔊 훌륭한 🔊 친구들을 🔊 누구 같냐면 🔊 그들

훈련한 날짜   .   .

소요시간   분

강의 및 훈련 MP3

Step 2 청크 연결 훈련			Step 3 문장 훈련
① 메시지	**② 영어**	**④ 확인 ③ 말하기**	**① 메시지 ② 영어 ④ 확인 ③ 말하기**
할 말 떠올리기	**영어로 바꾸기**	**말하고 확인하기**	**문장 완성하기**
그것이 제일 좋다 그들과 말싸움을 안 하는 것이	It's best that you don't argue with them	🔊 그것이 제일 좋다 🔊 그들과 말싸움을 안 하는 것이	그들과 말싸움을 안 하는 것이 제일 좋다. 🔊 It's best that you don't argue with them.
그것이 더 낫다 네가 너 스스로의 결정을 내리는 것이	It's better that you make your own decision	🔊 그것이 더 낫다 🔊 네가 너 스스로의 결정을 내리는 것이	너 <u>스스로의 결정</u>을 내리는 것이 더 낫다. 🔊 It's better that you make your own decision.
그것은 좋은 일이다 내가 그들과 같이 훌륭한 친구들이 있는 것은	It's good that I have great friends like them	🔊 그것은 좋은 일이다 🔊 내가 그들과 같이 훌륭한 친구들이 있는 것은	그들과 같이 훌륭한 친구들이 있다는 것은 좋은 일이다. 🔊 It's good that I have great friends like them.

189

OUTPUT

{실전}
영어로 말하기
👄

🎧 47-2.mp3

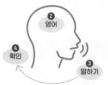

	할 말 떠올리기	영어로 말하고 확인하기
It's best that you don't argue with them.	그것은 있다	🔊
	제일 좋은 상태에	🔊
	그것은 뭐냐면	🔊
	네가	🔊
	하지 않는 것	🔊
	말다툼하다는 동작을	🔊
	누구와 함께냐면	🔊
	그들	🔊
It's better that you make your own decision.	그것은 있다	🔊
	더 나은 상태에	🔊
	그것은 뭐냐면	🔊
	네가	🔊
	만드는 것	🔊
	너의	🔊
	<u>스스로의</u>	🔊
	결정을	🔊
It's good that I have great friends like them.	그것은 있다	🔊
	좋은 상태에	🔊
	그것은 뭐냐면	🔊
	내가	🔊
	갖고 있는 것	🔊
	훌륭한	🔊
	친구들을	🔊
	누구 같냐면	🔊
	그들	🔊

Step 2 청크로 말하기		Step 3 문장 말하기
	❶ 메시지	❶ 메시지 ❷ 영어 ❹ 확인 ❸ 말하기
	❷ 영어 ❹ 확인 ❸ 말하기	
할 말 떠올리기	**영어로 말하고 확인하기**	**혼자 말하기**
		그들과 말싸움을 안 하는 것이 제일 좋다. 🔊
그것이 제일 좋다	🔊	
그들과 말싸움을 안 하는 것이	🔊	
		너 스스로의 결정을 내리는 것이 더 낫다. 🔊
그것이 더 낫다	🔊	
네가 너 스스로의 결정을 내리는 것이	🔊	
		그들과 같이 훌륭한 친구들이 있다는 것은 좋은 일이다. 🔊
그것은 좋은 일이다	🔊	
내가 그들과 같이 훌륭한 친구들이 있는 것은	🔊	

what으로 표현하기 ❶ ~하는 것

INPUT	Step 1 단어-단어 말하기 훈련		

《연습》
영어식 사고 훈련

🎧 48-1.mp3

	할 말 떠올리기	영어로 바꾸기	말하고 확인하기
남들이 나를 어떻게 생각하는지 신경 쓰지 않는다.	나는	I	🔊 나는
	하지 않는다	don't	🔊 하지 않는다
	신경 쓴다는 행위를	care	🔊 신경 쓴다는 행위를
	뭐하는 것 (신경 쓰지 않냐면)	what	🔊 뭐하는 것을 (신경 쓰지 않냐면)
	남들이	others	🔊 남들이
	생각하는 것	think	🔊 생각하는 것
	누구에 대해서냐면	of	🔊 누구에 대해서냐면
	나	me	🔊 나
그가 나한테 말한 것은 문제가 되지 않는다.	뭐하는 것이냐면	What	🔊 뭐하는 것이냐면
	그가	he	🔊 그가
	말한 것	said	🔊 말한 것
	누구에게냐면	to	🔊 누구에게냐면
	나	me	🔊 나
	하지 않는다	doesn't	🔊 하지 않는다
	문제가 된다는 동작을	matter	🔊 문제가 된다는 동작을
나는 내가 보는 것을 믿는다.	나는	I	🔊 나는
	믿는다	believe	🔊 믿는다
	뭐하는 것을 (믿냐면)	what	🔊 뭐하는 것을 (믿냐면)
	내가	I	🔊 내가
	보는 것	see	🔊 보는 것

Step 2 청크 연결 훈련			Step 3 문장 훈련
① 메시지	**②** 영어	**④** 확인　**③** 말하기	**①** 메시지 **②** 영어 **④** 확인　**③** 말하기
할 말 떠올리기	**영어로 바꾸기**	**말하고 확인하기**	**문장 완성하기**
나는 신경 쓰지 않는다 남들이 나에 대해 어떻게 생각하는지를	**I don't care** **what others think of me**	🔊 나는 신경 쓰지 　　않는다 🔊 남들이 나에 대해 　　어떻게 　　생각하는지를	남들이 나를 어떻게 생각하는지 신경 쓰지 않는다. 🔊 **I don't care what others think of me.**
그가 나에게 말한 것은 문제가 되지 않는다	**What he said to me** **doesn't matter**	🔊 그가 나에게 　　말한 것은 🔊 문제가 되지 　　않는다	그가 나한테 말한 것은 문제가 되지 않는다. 🔊 **What he said to me doesn't matter.**
나는 믿는다 내가 보는 것을	**I believe** **what I see**	🔊 나는 믿는다 🔊 내가 보는 것을	나는 내가 보는 것을 믿는다. 🔊 **I believe what I see.**

193

OUTPUT

《실전》
영어로 말하기
👄

🎧 48-2.mp3

	할 말 떠올리기	영어로 말하고 확인하기
I don't care what others think of me.	나는	🔊
	하지 않는다	🔊
	신경 쓴다는 행위를	🔊
	뭐하는 것을 (신경 쓰지 않냐면)	🔊
	남들이	🔊
	생각하는 것	🔊
	누구에 대해서냐면	🔊
	나	🔊
What he said to me doesn't matter.	뭐하는 것이냐면	🔊
	그가	🔊
	말한 것	🔊
	누구에게냐면	🔊
	나	🔊
	하지 않는다	🔊
	문제가 된다는 동작을	🔊
I believe what I see.	나는	🔊
	믿는다	🔊
	뭐하는 것을 (믿냐면)	🔊
	내가	🔊
	보는 것	🔊

할 말 떠올리기	영어로 말하고 확인하기	혼자 말하기
나는 신경 쓰지 않는다	🔊	남들이 나를 어떻게 생각하는지 신경 쓰지 않는다. 🔊
남들이 나에 대해 어떻게 생각하는지를	🔊	
그가 나에게 말한 것은	🔊	그가 나한테 말한 것은 문제가 되지 않는다. 🔊
문제가 되지 않는다	🔊	
나는 믿는다	🔊	나는 내가 보는 것을 믿는다. 🔊
내가 보는 것을	🔊	

스피킹 매트릭스 훈련 49일차

what으로 표현하기 ❷ 무엇인지

INPUT	Step 1 단어-단어 말하기 훈련		
《연습》 영어식 사고 훈련 🎧 49-1.mp3	**할 말 떠올리기**	**영어로 바꾸기**	**말하고 확인하기**
난 내가 지금 뭘 하고 있는지 안다.	나는 안다 무엇인지 내가 있는 것이 하고 있는 상태에 지금	I know what I'm doing now	🔊 나는 🔊 안다 🔊 무엇인지 🔊 내가 있는 것이 🔊 하고 있는 상태에 🔊 지금
난 그가 원하는 것이 무엇인지 모르겠다.	나는 있지 않다 확실한 상태에 무엇인지 그가 원하는 것이	I'm not sure what he wants	🔊 나는 있지 않다 🔊 확실한 상태에 🔊 무엇인지 🔊 그가 🔊 원하는 것이
그는 뭘 봤는지 나에게 말하지 않았다.	그는 하지 않았다 말한다는 동작을 나에게 무엇인지 그가 본 것이	He didn't tell me what he saw	🔊 그는 🔊 하지 않았다 🔊 말한다는 동작을 🔊 나에게 🔊 무엇인지 🔊 그가 🔊 본 것이

Step 2 청크 연결 훈련			Step 3 문장 훈련
❶ 메시지	**❷** 영어	**❹** 확인 **❸** 말하기	**❶** 메시지 **❷** 영어 **❹** 확인 **❸** 말하기
할 말 떠올리기	영어로 바꾸기	말하고 확인하기	문장 완성하기
나는 안다 내가 지금 하고 있는 것이 무엇인지	**I know** **what I'm doing now**	🔊 나는 안다 🔊 내가 지금 하고 있는 것이 무엇인지	난 내가 지금 뭘 하고 있는지 안다. 🔊 **I know what I'm doing now.**
난 모르겠다 그가 원하는 것이 무엇인지	**I'm not sure** **what he wants**	🔊 난 모르겠다 🔊 그가 원하는 것이 무엇인지	난 그가 원하는 것이 무엇인지 모르겠다. 🔊 **I'm not sure what he wants.**
그는 나에게 말하지 않았다 그가 본 것이 무엇인지	**He didn't tell me** **what he saw**	🔊 그는 나에게 말하지 않았다 🔊 그가 본 것이 무엇인지	그는 뭘 봤는지 나에게 말하지 않았다. 🔊 **He didn't tell me what he saw.**

197

할 말 떠올리기	영어로 말하고 확인하기
I know **what I'm doing now.** 나는	🔊
안다	🔊
무엇인지	🔊
내가 있는 것이	🔊
하고 있는 상태에	🔊
지금	🔊
I'm not sure **what he wants.** 나는 있지 않다	🔊
확실한 상태에	🔊
무엇인지	🔊
그가	🔊
원하는 것이	🔊
He didn't tell me **what he saw.** 그는	🔊
하지 않았다	🔊
말한다는 동작을	🔊
나에게	🔊
무엇인지	🔊
그가	🔊
본 것이	🔊

할 말 떠올리기	영어로 말하고 확인하기	혼자 말하기
나는 안다 내가 지금 하고 있는 것이 무엇인지	🔊 🔊	난 내가 지금 뭘 하고 있는지 안다. 🔊
난 모르겠다 그가 원하는 것이 무엇인지	🔊 🔊	난 그가 원하는 것이 무엇인지 모르겠다. 🔊
그는 나에게 말하지 않았다 그가 본 것이 무엇인지	🔊 🔊	그는 뭘 봤는지 나에게 말하지 않았다. 🔊

INPUT	Step 1 단어-단어 말하기 훈련		

{연습}
영어식 사고 훈련

🎧 50-1.mp3

	할 말 떠올리기	영어로 바꾸기	말하고 확인하기
그는 그가 읽은 책에 대해 말했다.	그는 말했다 뭐에 대해서냐면 그 책 그가 읽은	He talked about the book he read	🔊 그는 🔊 말했다 🔊 뭐에 대해서냐면 🔊 그 책 🔊 그가 🔊 읽은
난 어제 본 영화 제목을 잊어버렸다.	나는 잊어버렸다 그 제목을 뭐의 제목이냐면 그 영화 내가 본 어제	I forgot the title of the movie I saw yesterday	🔊 나는 🔊 잊어버렸다 🔊 그 제목을 🔊 뭐의 제목이냐면 🔊 그 영화 🔊 내가 🔊 본 🔊 어제
어젯밤에 우리가 먹은 케이크는 정말 맛있었다.	그 케이크는 우리가 먹은 함께 지난 밤 있었다 정말 맛있는 상태에	The cake we ate together last night was amazing	🔊 그 케이크는 🔊 우리가 🔊 먹은 🔊 함께 🔊 지난 🔊 밤 🔊 있었다 🔊 정말 맛있는 상태에

Step 2 청크 연결 훈련			Step 3 문장 훈련
❶ 메시지	❷ 영어	❹ 확인 ❸ 말하기	❶ 메시지 ❷ 영어 ❹ 확인 ❸ 말하기
할 말 떠올리기	**영어로 바꾸기**	**말하고 확인하기**	**문장 완성하기**
그는 말했다	**He talked**	🔊 그는 말했다	그는 그가 읽은 책에 대해 말했나. 🔊 He talked about the book he read.
그가 읽은 책에 대해	**about the book he read**	🔊 그가 읽은 책에 대해	
난 제목을 잊어버렸다	**I forgot the title**	🔊 난 제목을 잊어버렸다	난 어제 본 영화 제목을 잊어버렸다. 🔊 I forgot the title of the movie I saw yesterday.
내가 어제 본 영화의	**of the movie I saw yesterday**	🔊 내가 어제 본 영화의	
우리가 어젯밤 같이 먹은 케이크는	**The cake we ate together last night**	🔊 우리가 어젯밤 같이 먹은 케이크는	어젯밤에 우리가 먹은 케이크는 정말 맛있었다. 🔊 The cake we ate together last night was amazing.
정말 맛있었다	**was amazing**	🔊 정말 맛있었다	

Step 1 **한 단어씩 말하기**

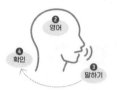

할 말 떠올리기	영어로 말하고 확인하기

He talked about the book he read.

그는	🔊
말했다	🔊
뭐에 대해서냐면	🔊
그 책	🔊
그가	🔊
읽은	🔊

I forgot the title of the movie I saw yesterday.

나는	🔊
잊어버렸다	🔊
그 제목을	🔊
뭐의 제목이냐면	🔊
그 영화	🔊
내가	🔊
본	🔊
어제	🔊

The cake we ate together last night was amazing.

그 케이크는	🔊
우리가	🔊
먹은	🔊
함께	🔊
지난	🔊
밤	🔊
있었다	🔊
정말 맛있는 상태에	🔊

할 말 떠올리기	영어로 말하고 확인하기	혼자 말하기
		그는 그가 읽은 책에 대해 말했다.
그는 말했다	🔊	🔊
그가 읽은 책에 대해	🔊	
		난 어제 본 영화 제목을 잊어버렸다.
난 제목을 잊어버렸다	🔊	🔊
내가 어제 본 영화의	🔊	
		어젯밤에 우리가 먹은 케이크는 정말 맛있었다.
우리가 어젯밤 같이 먹은 케이크는	🔊	🔊
정말 맛있었다	🔊	

{ 실천편 }
핵심 포인트와 표현 정리
Check the Key Points & Useful Expressions

DAY마다 핵심적으로 다루고 있는 말하기 기술(전문용어로는 '문법'이라고 하죠)을 요약해 놓았습니다. 필요에 따라 표현의 용법, 뉘앙스, 우리말과 영어의 시각 차이로 생길 수 있는 오해에 대한 설명 등을 덧붙였습니다. 이미 알고 있는 내용은 그냥 건너뛰고 새로운 정보들만 흡수하시면 됩니다.

👁 be동사 뒤에 〈전치사 + 장소〉 표현을 붙여 누가 '그 장소에 있다'는 말을 훈련하는 자리입니다.

☐ at home 집에

- home은 '집'이라는 명사. 그래서 콕 집어 '집에'라고 정지해 있는 위치를 말하려면 앞에 전치사 at을 붙여야 하죠. 하지만 home은 그 자체에 전치사 to의 의미까지 포함된 '집으로'라는 부사의 의미로도 쓰입니다. 따라서 '집 쪽으로' 간다는 방향성을 나타낼 때는 앞에 전치사 to를 붙이지 않고 그냥 home이라고만 씁니다. 주의하세요.

  ㉠ They are **at home**. 그들은 집에 있다.　　㉠ He came **home**. 그는 집에 왔다.

👁 be동사 뒤에 〈상태를 나타내는 형용사〉 표현을 붙여 누가 '그런 상태에 있다'는 말을 훈련하는 자리입니다.

☐ 배고플 땐 hungry, 배고파 죽을 거 같을 땐 starving

- 배고플 땐 유독 배고파 죽겠다는 말을 습관처럼 많이 하는데요. 그냥 '배고파.'라고 하고 싶으면 I am hungry.라고 하면 되고, '배고파 죽겠어.'라고 강조해서 말하고 싶을 때는 I am starving.이라고 하면 됩니다. 발음은 starving [stάːrviŋ]! 우리말의 [스따알빙]에 가깝죠.

  ㉠ I am **hungry**. 배고파.　　㉠ I am **starving**. 배고파 죽겠어.

👁 be동사 뒤에 〈주어를 규정하는 명사〉 표현을 붙여 누가 '그런 지위/위치에 있다', 즉 '누구는 뭐이다'라는 말을 훈련하는 자리입니다.

☐ be동사 훈련을 끝내기 전에 하나 더!

- Day 01~03까지 be동사 훈련에 익숙해졌다면 Day 04로 넘어가기 전에 하나만 더 훈련해 보세요. 지금까지 I am ~, She is ~, He is ~, You are ~, They are ~, We are ~라고 두 단어로 연습한 〈대명사 + be동사〉를 I'm ~, She's ~, He's ~, You're ~, They're ~, We're ~와 같이 한 단어로 줄여서 말해봅시다.

  ㉠ **I'm a member**. 나는 회원이다.　　㉠ **She's a singer**. 나는 가수이다.
  ㉠ **We're not kids**. 우리는 아이가 아니다.

👁 주어와 동사 사이에 조동사를 넣어 '~할 것이다', '~할 수 있다', '~해야 한다'와 같은 의미를 덧붙이는 연습을 하는 자리입니다. 한 마디로 〈주어 + 조동사 + 동사원형〉 말하기를 훈련하는 자리이죠.

☐ eat ~을 먹다 vs eat 밥먹다, 식사하다

- 뭔가를 먹는다라는 동작에 대해 가장 먼저 떠오르는 단어가 eat이죠. eat은 eat lunch(점심을 먹다), eat late-night snacks(야식을 먹다)처럼 무엇을 먹는지 eat 뒤에 밝히면 됩니다. 그런데 말이죠. eat이라는 동자 자체로 '식사하다'라는 의미로도 쓰입니다. 우리말로는 보통 '밥먹다'라고 하지요. 이때 밥은 쌀밥이든 아니든 관계없이 식사를 의미하잖아요. 이렇게 식사하는 걸 뭉뚱그려 말할 때 eat 뒤에 굳이 '밥'이라든가 '식사'라든가 하는 단어를 찾아서 집어넣으려고 고민할 필요 없습니다. 그냥 eat 하나만 말하면 충분해요!

👁 영어의 명사는 '셀 수 있냐, 셀 수 없냐' 그리고 셀 수 있다면 '한 개냐, 여러 개냐'에 상당히 민감합니다. 그 래서 셀 수 있는 명사인데 하나만 있다면 반드시 그 명사 앞에 a를 붙여 말해야 하죠. 바로 〈a + 단수 명사〉 를 훈련하는 자리입니다.

☐ **drink** ~을 마시다 **vs drink** 술마시다

- 음료를 마신다고 할 때는 drink 뒤에 음료명을 말해주면 됩니다. drink는 또 그 자체로 '술마시다'라는 일반적인 의 미로도 쓰이죠. 특정 술을 언급하고 싶으면 뒤에 특정 술을 말해주면 되지만 단순히 '술마신다'고 할 때는 굳이 뒤에 alcohol 같은 말을 붙이진 않습니다.

☐ **last night** 어젯밤에, 간밤에, 지난밤에

- '어젯밤에, 간밤에, 지난밤에'라는 말은 영어로 간단히 last night이라고 하면 됩니다. yesterday와 night을 묶어 서 말하려고 골머리 썩지 마세요. 그런 식으로 묶어서 말하지는 않는답니다.

☐ **be going to** ~할 것이다

- be going to는 '~할 것이다'라는 의미로, 앞으로 예정된 일을 말할 때 쓰이는 조동사류의 표현입니다. 따라서 뒤에 는 '동사원형'을 말해주죠.

👁 셀 수 있는 명사인데 여러 개(두 개 이상)가 있다면 반드시 명사 뒤에 -(e)s를 붙여서 말해야 합니다. 우리말 은 단복수에 집착하지 않고 말의 내용을 보고 충분히 상황을 판단하는데요(여러 개인 경우도 대부분 단수로 말 하죠). 영어에서는 문자에서부터 단복수를 명확하게 표시합니다.

☐ **wash my hands** 손을 씻다

- 손을 씻을 때는 일반적으로 두 손을 씻는 거니까 wash my hands, 손 hand의 복수형인 hands를 쓰죠.

👁 하고많은 가수 중에 막연히 가수 하나를 언급할 때는 a singer라고 하면 되지만, 특정한 바로 '그 가수'에 대해 언급할 때는 the singer라고 합니다. 특정한 '그 ~' 〈the + 명사〉를 말하는 훈련입니다.

☐ **the best ever** 역대 최고

- 최상급 뒤에 ever를 쓰면 '이제껏 겪어본 중에 최고로 ~한' 상태를 나타내게 됩니다. 한 마디로 '역대급'이라는 어감 을 실어주는 강조 표현이죠.

☐ **text message** 문자 메시지

- '문자 메시지'를 영어로 text message라고 표현합니다.
- 따라서 '문자 메시지를 보내다'라고 하려면 send a text message라고 하면 됩니다. 이 표현은 《스피킹 매트릭스 1분 영어 말하기》에서 집중 훈련할 수 있습니다.

☐ **appointment** 약속

- appointment는 시간을 정하고, 장소를 정하는 등 구체적으로 만날 '약속', 특히 '공식적인 약속'을 의미합니다. 그래서 병원 진료 예약이나 미용실 예약 등도 appointment라고 하죠.

| **DAY 08** | **the 말하기 훈련 ❷ 탁 떠오르는 '그'**   p.32

👁 출퇴근할 때 버스를 탄다면 각자 탁 떠오르는 정해진 '그' 버스가 있죠. 이 또한 넓은 의미에서는 특정한 '그'에 해당됩니다. 계속해서 '그 ~' ⟨the + 명사⟩를 말하는 훈련입니다.

☐ **take** (교통수단 및 이동수단을) 이용하다

- take는 참 다양한 의미로 쓰이는 기본 동사입니다. 여기서는 교통수단, 이동수단을 '이용하다'라는 의미로 쓰인 경우인데요. 우리말로는 '탄다'는 말로 다 해결이 되는데, 영어는 조금 다릅니다. take the bus는 '버스라는 교통수단을 이용한다'는 맥락에서 '버스를 탄다'는 의미이고요. 실제로 버스에 올라타는 동작을 말할 때는 get on the bus라고 구분해서 씁니다.

☐ **lose weight** 살을 빼다

- 우리말로는 보통 '살을 빼다'라고 하는데 영어로는 'lose weight 체중을 잃다'라는 식으로 표현합니다. 반대로 '살이 찌다'는 'gain weight 체중을 얻다'라는 식으로 표현하죠.

☐ **play the piano** 피아노를 치다

- '특정 악기를 연주한다'고 할 때는 악기명 앞에 정관사 the를 붙여 말합니다. play the guitar(기타를 치다), play the violin(바이올린을 연주하다)처럼 말이죠.

| **DAY 09** | **every 다음 단수 훈련**   p.36

👁 every는 우리말로 '모든'에 해당되는 형용사입니다. 우리말로 보면 복수 명사가 뒤에 와야 할 거 같은데요. 실상은 뒤에 단수 명사가 옵니다. 그래서 ⟨every + 단수 명사⟩가 주어 자리에 오면 동사도 단수형을 써야 하죠. 주의하세요!

☐ **out of service** 서비스가 중단된, 서비스가 안 되는

- 통신사의 서비스를 통해 이용할 수 있는 기기, 항공사의 서비스를 통해 이용할 수 있는 항공편 등이 해당 업체의 문제로 '서비스가 중단되어 이용할 수 없는' 상태를 나타내는 말이 바로 out of service입니다.

| **DAY 10** | **-ing 훈련 ❶ ~하고 있는 상태에 있다**   p.40

👁 be동사 뒤에 ⟨동사의 -ing형⟩ 표현을 붙여 '어떤 동작을 하고 있는 상태에 있다'는 말을 훈련하는 자리입니다. 전문용어로 현재진행형 표현이라고 하는데요. 사실 전문용어는 중요치 않아요. '~하고 있는 상태에 있다', 즉 '~하고 있다'는 말은 ⟨be + -ing⟩ 형태로 말한다는 점만 분명히 알고 이런 식의 문장을 입에 배게 자꾸 말해보는 게 중요합니다.

☐ **watch** (주의를 기울여) 보다

- TV를 '시청하다', 영화를 '관람하다', 경기를 '관람하다' 등과 같이 뭔가를 주의를 기울여 보는 동작을 말할 때 watch를 씁니다.

👁 앞서 연습해 본 -ing는 '~하고 있는'이라는 의미의 형용사류 표현이라면, 이 자리에서 훈련할 -ing는 '~하는 것'이라는 의미의 명사류 표현입니다. 이 경우 -ing형 표현은 문장의 주어나 목적어 자리에 오죠.

☐ **chat** 수다 떨다 **& chat online** 온라인 채팅하다

- 이런저런 수다를 떤다고 할 때 영어로는 chat이라는 동사를 씁니다. 우리가 보통 '온라인 채팅한다'고 하는 것은 온라인상에서 수다를 떠는 거잖아요. 그래서 '온라인 채팅하다'라고 할 때는 동사 chat을 써서 chat online이라고 합니다.

   📝 **Chatting is fun.** 수다 떠는 것은 재미있다.
   📝 **I like chatting online.** 나는 온라인 채팅을 좋아한다.

👁 영어를 유창하게 말하려면 to부정사(to + 동사원형) 표현에는 반드시 익숙해져야 합니다. to부정사 표현은 크게 세 가지 유형만 익히면 되는데, 오늘은 그 중 하나인 '~하는 것, ~하기'라는 의미로 쓰이는 경우를 훈련해보는 자리입니다.

☐ **help someone + 동사원형** 누가 ~하는 데 도움을 주다

- '누군가가 뭔가를 하는 데 도움을 주다'라는 식의 말을 하고 싶을 때는 〈help someone + 동사원형〉을 기억해 뒀다가 써먹으세요.

☐ **My goal is to + 동사원형** 내 목표는 ~하는 것이다

- 나의 목표에 대해 어필하고 싶을 때 이 표현을 잘 챙겨뒀다가 이용해 보세요.

☐ **I want to + 동사원형** 난 ~하고 싶다

- 직역하면 '나는 ~하기를 원한다', 즉 '난 ~하고 싶다'는 의미입니다. 원어민들이 매일같이 쓰는 표현이니까 통째 익혀두세요.
- 반대로 '~하고 싶지 않다, ~하기 싫다'고 할 때는 I don't want to ~라고 하면 됩니다.

   📝 **I want to go there.** 난 거기에 가고 싶다.
   📝 **I don't want to go there.** 난 거기에 가고 싶지 않다.

👁 to부정사는 명사 뒤에서 그 명사를 설명하는 역할도 할 수 있습니다. 예를 들면, 책들을 책들인데 '읽을 책들'이라고 하고 싶으면 books to read라고 말하고, 정보는 정보인데 '공유할 정보'라면 information to share라고 말하죠. 꼭 형용사가 뒤에서 앞의 명사를 꾸며주는 것 같은 기분이 들죠? 그렇습니다. to부정사가 명사 뒤에서 형용사처럼 쓰이는 경우예요.

☐ **I have some time to + 동사원형** ~할 시간이 좀 있다

- 명사를 설명해주는 to부정사가 포함된 패턴입니다. 통째 익혀뒀다 적재적소에 활용해 보세요.

☐ **make up a list** 목록을 만들다

- 뭔가 정보를 모아서 만든다고 할 때는 make up을 씁니다. 그래서 보통 어떤 것의 명단이나 목록을 만든다고 할 때는 make up a list라고 하죠.

| **DAY 14** | to부정사 끊기 훈련❸ ~하기 위해서 | p.56

👁 〈to + 동사원형〉은 '~하기 위해서, ~하려'라는 목적을 밝히는 표현으로도 활용됩니다. 이런 의미로도 얼마나 많이 쓰이는지 몰라요! 잘 익혀두시기 바랍니다.

☐ **decide to + 동사원형** ~하기로 결정하다

- to부정사가 '~하는 것, ~하기'라는 의미로 쓰인 표현입니다. 그냥 표현 자체를 통째 익혀두고 쓰는 것이 제일 좋습니다.

☐ **energize** ~에 에너지를[활력을] 불어넣다

☐ **go shopping** 쇼핑하러 가다

- 〈go + -ing〉는 '~하러 가다'라는 의미로 쓰이는 아주 유용한 표현입니다. go jogging(조깅하러 가다), go skiing(스키 타러 가다), go fishing(낚시하러 가다)처럼 쓰이죠. 《스피킹 매트릭스 1분 영어 말하기》에서 심층적으로 훈련할 수 있습니다.

☐ **release stress** 스트레스를 풀다

- release는 속박이나 고통에서 풀려나다, 벗어나다는 의미가 담긴 동사입니다. 그래서 stress와 함께 쓰이면 '스트레스를 풀다'는 의미가 되죠.

| **DAY 15** | 과거 훈련❶ 기본 훈련 | p.60

👁 과거의 일을 말하려면 기본적으로 동사를 과거형으로 말해야겠죠? 동사의 과거형은 일반적으로 동사 뒤에 -ed를 붙이면 됩니다.

☐ **talk** 말하다 (현재형) – **talked** 말했다 (과거형)

☐ **call** 전화하다 (현재형) – **called** 전화했다 (과거형)

☐ **work** 일하다 (현재형) – **worked** 일했다 (과거형)

☐ **work** 일하다 **vs work** 직장, 일터

- work 하면 '일하다'는 동사로 제일 잘 알고 있죠? 그런데 DAY 01에서 at work(직장에서) 연습했던 거 기억나세요? 그렇습니다. work는 '일하다'는 동사뿐 아니라, 명사로 '직장, 일터'라는 의미로도 쓰입니다.

  🔟 **I worked hard.** 나는 열심히 일했다.
  🔟 **I am at work.** 나는 직장에 있다.

👁 동사의 과거형이 -ed가 붙지 않고 자기 식대로 다르게 변하는 동사들이 있습니다. 그런 동사들은 접할 때마다 과거형을 따로 입에 배게 익혀두세요.

☐ **eat** 먹다 (현재형) – **ate** 먹었다 (과거형)

☐ **catch** (병에) 걸리다 (현재형) – **caught** (병에) 걸렸다 (과거형)

☐ **catch a cold** 감기에 걸리다 (현재형) – **caught a cold** 감기에 걸렸다 (과거형)

☐ **drink** 마시다 (현재형) – **drank** 마셨다 (과거형)

👁 지금부터 세 차례에 걸쳐 현재완료의 다양한 활용법을 훈련해 봅니다. 일단 현재완료의 형태는 〈have p.p.(과거분사)〉! 오늘 훈련해볼 패턴은 〈I have p.p. ~ for + 기간〉으로 '얼마동안 ~해왔다', 즉 자연스러운 우리말로는 '~한 지 얼마나 됐다'는 식의 말을 영어로 해보는 훈련입니다.

☐ **I have p.p. ~ for + 기간** ~한 지 (기간)됐다

☐ **live** 살다 (현재형) – **lived** 살았다 (과거형) – **lived** 산, 살아진 (과거분사형)

☐ **work** 일하다 (현재형) – **worked** 일했다 (과거형) – **worked** 일한, 일해진 (과거분사형)

☐ **study** 공부하다 (현재형) – **studied** 공부했다 (과거형) – **studied** 공부한, 공부해진 (과거분사형)

• study 뒤에 -ed를 붙일 때는 study의 -y를 -i로 바꿔서 붙여야 합니다.

👁 단순히 뭔가를 완료했다는 사실 자체만 전달하는 것이 아니라, 이전부터 죽 해오고 있던 일을 완료했다는 어감으로 말을 하고 싶을 때도 〈have p.p.〉를 씁니다.

☐ **finish** 끝내다 (현재형) – **finished** 끝냈다 (과거형) – **finished** 끝낸, 끝내진 (과거분사형)

☐ **make** 만들다 (현재형) – **made** 만들었다 (과거형) – **made** 만든, 만들어진 (과거분사형)

☐ **set** 설정하다 (현재형) – **set** 설정했다 (과거형) – **set** 설정한, 설정되어진 (과거분사형)

• 현재, 과거, 과거분사일 때 형태가 모두 똑같은 동사도 있습니다. 접할 때마다 익혀두세요.

👁 이미 해본 적이 있거나 이미 했기 때문에 지금은 '~한 상태이다'라는 어감을 전달할 때도 〈have p.p.〉를 씁니다.

☐ **see** 보다 (현재형) – **saw** 봤다 (과거형) – **seen** 본, 보여진 (과거분사형)

☐ **eat** 먹다 (현재형) – **ate** 먹었다 (과거형) – **eaten** 먹은, 먹힌 (과거분사형)

☐ **read** [ri:d] 읽다 (현재형) – **read** [red] 읽었다 (과거형) – **read** [red] 읽은, 읽힌 (과거분사형)

  • read는 보기에는 현재, 과거, 과거분사일 때 형태가 모두 똑같습니다. 하지만 과거형과 과거분사형으로 쓰일 때는 발음이 달라진다는 점, 주의하세요.

👁 "내가 2년 전에 그 집 지었잖아."는 '나'에 초점이 맞춰진 말이죠. 하지만 "그 집 2년 전에 지어졌잖아."라는 식으로 '그 집'에 초점을 두고 말하는 경우도 많습니다. 바로 이럴 때 필요한 표현이 수동태입니다. 일반적으로 〈be p.p.〉의 형태로 말하고, 의미는 '~해진 상태에 있다', 즉 '~해졌다'이죠.

☐ **build** 짓다, 건설하다 (현재형) – **built** 지었다, 건설했다 (과거형) –
built 지어진, 건설되어진 (과거분사형)

☐ **send** 보내다 (현재형) – **sent** 보냈다 (과거형) – **sent** 보내진 (과거분사형)

👁 수동태를 표현하는 방법에는 〈get p.p.〉도 있습니다. 〈be p.p.〉가 '~해진 상태에 있다'는 정적인 이미지라면, 〈get p.p.〉는 '~해진 상태를 얻다', 즉 '~해지게 되다'는 변화 또는 동적인 이미지가 내포되어 있습니다.

☐ **get** 얻다 (현재형) – **got** 얻었다 (과거형)

☐ **disappoint** 실망시키다 (현재형) – **disappointed** 실망시켰다 (과거형) –
disappointed 실망이 된 (과거분사형)

☐ **get disappointed** 실망하게 되다

☐ **release** 출시하다 (현재형) – **released** 출시했다 (과거형) –
released 출시된 (과거분사형)

  • release는 제품을 '출시하다'는 의미로도 쓰입니다.

👁 누군가를 실망시키는 것은 disappoint입니다. 그런데 내가 실망감을 느끼는 것은 feel disappointed(실망된 상태를 느낀다)이죠. 이렇게 어떤 감정에 사로잡혀 있을 때 쓰는 수동태 표현은 〈feel p.p.〉이며, 이때 feel 뒤에는 감정을 나타내는 과거분사가 옵니다.

☐ **feel** ~하게 느끼다 (현재형) – **felt** ~하게 느꼈다 (과거형)

☐ **ignore** 무시하다 (현재형) – **ignored** 무시했다 (과거형) – **ignored** 무시당한 (과거분사형)

☐ **annoy** 짜증 나게 하다 (현재형) – **annoyed** 짜증 나게 했다 (과거형) – **annoyed** 짜증 나게 된 (과거분사형)

👁 영어 말하기에서 자유로우려면 전치사와 접속사를 편하게 사용할 수 있어야 합니다. 먼저 기본 전치사들부터 훈련해보는 자리입니다. 그 첫 번째로 주어와 동사 뒤에 '콕 찍어 어떤 시각에', '콕 찍어 어떤 장소에'라는 의미의 〈at + 시각/장소〉 청크를 붙여 말하는 훈련을 해봅니다. 물론, 전치사 뒤에는 명사가 와야 한다는 사실, 잊지 마시고요.

☐ **stay** 머무르다

- stay 하면 '머무르다'라는 우리말로 대표해서 많이 나타내는데요. 여행 가서 호텔이나 친구 집 등에 '묵는다'고 할 때, 밖에 안 나가고 집에 '있는다'고 할 때 등과 같은 상황에서 편하게 이용하면 되는 동사랍니다.

  🗨 I **stayed** at the hotel. 나는 그 호텔에 묵었다.
  🗨 I **stayed** at home. 나는 (밖에 안 나가고) 집에 있었다.

👁 주어와 동사 뒤에 〈on + 명사〉 청크를 붙여 말하는 훈련을 하는 자리입니다. on 뒤에 특정 물건이 오면 '그 물건 위에'라는 의미가 되고, 요일이 오면 '그 요일에'라는 의미가 되며, 개념 명사가 오면 '그 개념에 대해'라는 의미가 됩니다. 기본적으로 전치사 on은 어떤 것 '위에 딱 접촉해 있는' 모습을 나타내죠.

☐ **get together** 만나다, 모이다

- 친한 사람들이 여럿 모여서 만난다고 할 때 일상적으로 쓰는 동사입니다. 친하거나 편한 친구 사이에 흔히 "우리 한번 뭉쳐지."라는 식의 말 많이 하는데요. 이럴 때 쓰면 딱인 동사가 바로 get together이죠. 중간에 하이픈(-)을 넣어 get-together라고 쓰면 '모임'을 의미합니다.

  🗨 Let's **get together** sometime. 우리 언제 한번 뭉쳐지.

☐ **have a discussion on the issue** 그 문제에 대해 논의하다

- 전치사 on의 기본 개념을 살려 우리말로 옮겨보면 '그 이슈 위에 딱 면해서 논의하다'니까, 결국 '그 이슈에 대해 논의하다'는 의미가 됩니다. '~에 대해'라고 하면 전치사 about이 가장 일반적인데요. on이 이와 같은 의미로 쓰일 때는 보다 전문적인 사안이라는 뉘앙스를 풍깁니다.

👁 전치사 in은 '~ 안에' 있는 모습이나 '~ 안에서' 어떤 동작을 하는 모습을 나타냅니다. 뒤에 보통 장소나 지명을 써서 말하죠. 그리고 on 뒤에 '요일'이 온다면 in 뒤에는 the morning/afternoon/evening 등 하루의 특정 때를 나타내는 말이 와서 '아침/오후/저녁에'라는 의미로 활용됩니다.

☐ **get up** 일어나다

- get up은 잠자리에서 몸을 일으킨다는 뉘앙스로, 일어난다는 의미입니다.
- 잠자리뿐 아니라 몸을 일으키는 모든 상황에서 쓸 수 있죠. 가령 넘어진 사람이 일어난다고 할 때도 get up을 쓰면 됩니다.

☐ **in the morning** 아침에 **&**
early in the morning 아침 일찍

- '아침에, 오전에', '오후에', '저녁에'라는 표현은 in the morning, in the afternoon, in the evening과 같이 말합니다.
- 하지만 '밤에'라고 할 때는 at night! 전치사 at을 쓴다는 점에 주의하세요.
- '아침 일찍', '밤늦게'라는 말도 많이 쓰는데요. 영어로는 early in the morning, late at night이라고 합니다.
- '아침 7시에'처럼 말하고 싶다면 앞서 배운 〈at + 시각〉과 함께 쓰면 되죠. at 7 in the morning처럼요.

  ⑩ I get up **early in the morning.** 나는 아침 일찍 일어난다.
  ⑩ I get up **at 7 in the morning.** 나는 아침 7시에 일어난다.

👁 주어와 동사 뒤에 '어디로'라는 방향성을 나타내는 〈to + 장소〉 청크를 붙여 말하는 훈련을 해봅니다.

☐ **drive to work** 차로 출근한다

- 출근 어떻게 하냐는 질문을 받으면 지하철 타고 다닌다거나, 자차로 다닌다라는 식으로 말하잖아요. 바로 내 차를 직접 몰고 출근한다, 즉 '자차로 출근한다'는 표현, 영어로는 drive to work라고 합니다. 이때 work는 '직장, 일터'.

☐ **go to the gym** 헬스장에 다니다

- 평소 일상적으로 늘 어딘가에 가는 것을 우리말로는 '~에 다닌다'라고 표현하죠. 영어로는 그냥 go to ~를 쓰면 됩니다.

👁 주어와 동사 뒤에 〈with + 명사〉 청크를 붙여 말하는 훈련을 하는 자리입니다. with 뒤에 사람 명사가 오면 '그 사람과 함께'라는 의미가 되고, 사물 명사가 오면 '그 사물을 가지고'라는 의미가 되죠.

☐ **pay for** ~을 계산하다

- 직역하면 '~에 대해 값을 지불하다'이죠. 즉, 물건 '값을 계산하다, 결제하다'는 말을 하고 싶을 때 쓰면 되는 표현입니다.

👁 주어와 동사 뒤에 '~ 때문에'라는 의미의 〈because of + 명사〉 청크를 붙여 말하는 훈련입니다. 어떤 일의 이유를 간단히 명사로 표현할 수 있을 때 활용해 보세요.

. . . .

☐ **traffic** 교통, 교통량, 통행, 통행량

- traffic 하면 도로 위의 '교통'이나 '교통량'만 생각하는 경우가 많은데, 육로, 항로, 해로의 모든 통행이나 통행량에 포괄적으로 쓰이는 말입니다. 물론 사람들의 통행이나 통행량을 표현할 때도 쓰고요. 다만 일상생활에서 도로 위의 통행에 대해 말할 때가 많으니까 일반적으로 traffic 하면 '도로 교통'을 의미하게 되는 경우가 많은 거죠.
- 차가 막혀서 늦었다는 말은 '교통 체증'을 의미하는 traffic jam을 써서 I was late because of the traffic jam.이라고 해도 되지만, 그냥 traffic만 써서 I was late because of the traffic.이라고 간단히 말해도 됩니다.

👁 주어와 동사 뒤에 '~에 대해, ~에 관해'라는 의미의 〈about + 명사〉 청크를 붙여 말하는 훈련을 하는 자리입니다.

. . . .

☐ **talk about** ~에 대해 말하다 **& talk with** ~와 이야기를 나누다 **&**
talk to ~에게 이야기하다

- talk라는 말, 이제 우리말로 '토크'할 정도로 익숙한 동사인데요. '말하다, 이야기하다'라는 의미이죠. 무엇에 대해서 이야기하는 건지를 밝히고 싶을 때는 뒤에 〈about + 무엇〉을, 누구와 이야기 나누는지를 밝히고 싶을 때는 〈with + 누구〉를, 누구에게 이야기하는 건지를 밝히고 싶을 때는 〈to + 누구〉를 덧붙이면 됩니다.
- 덤으로 하나 더! talk on the phone이라고 하면 '전화 상에서 이야기하다', 즉 '전화통화하다'는 의미랍니다. 《스피킹 매트릭스 1분 영어 말하기》에서 집중적으로 훈련할 수 있어요.

───

☐ **The news is about ~** 그 뉴스는 ~에 관한 것이다

- 특정 뉴스가 다루고 있는 내용이 뭔지, 특정 영화나 소설이 이야기하고 있는 내용이 뭔지를 한 마디로 개괄해 말하고 싶을 때는 The news is about ~, The movie is about ~, The novel is about ~처럼 be about ~으로 간단하게 표현할 수 있습니다.

  ⓔ **The news is about IT.** 그 뉴스는 IT에 관한 것이다.
  ⓔ **The novel is about human nature.** 그 소설은 인간의 본성에 관해 이야기하고 있다.

───

☐ **tell someone about ~** 누구에게 ~에 대해 말하다

- talk가 서로 대화를 나눈다는 어감이라면 tell은 어떤 사실이나 정보를 알린다, 전달한다는 뉘앙스입니다.
- 누구에게 말하다고 할 때는 tell 뒤에 전치사 없이 바로 〈누구〉를 언급해주면 됩니다. 주의하세요!
- 과거와 과거분사형 모두 told입니다. (tell - told - told)

👁 '~로부터'라는 개념을 가진 〈from + 명사〉 청크를 훈련하는 자리입니다. 〈from + 장소〉는 '그 장소로부터', 즉 '그 장소에서'란 의미, 〈from + 누구〉는 '누구로부터', 즉 '누구한테서, 누구에게서'란 의미, 〈from + 시간〉은 '그 시간부터'라는 의미가 되죠.

. . . .

☐ It's far from ~ 그것은 ~에서 멀다

- It이라는 곳이 어떤 장소에서부터 먼 곳에 있다는 표현을 하고 싶을 때 쓸 수 있는 패턴입니다.

  ⓔ **It's far from** my house. 그것은 우리 집에서 멀다.
  ⓔ **It's far from** my office. 그것은 우리 사무실에서 멀다.

☐ '나'와 '우리'와 my

- my friends 하면 '나의 친구들', 즉 '내 친구들'을 말합니다. my dog이라고 하면 '나의 개', 즉 자연스런 우리말로는 '우리 개'를 말하죠. 보통 영어로는 my라고 하는 말도 우리는 '우리'라는 말로 표현하는 경우가 많아요. my mom(우리 엄마), my dad(우리 아빠), my house(우리 집)처럼 말이죠. 이런 정서 차에 따른 표현법의 차이는 영어 문장에 계속적으로 노출되다 보면 자연스럽게 몸에 익게 됩니다.

☐ thirty minutes from now 지금부터 30분 후에

- 직역하면 '지금부터 30분'인데요. 말하나마나 맥락상 '지금부터 30분 후에'라는 의미인 거죠. 이런 경우 굳이 맨 앞에 after를 넣어 쓰지 않습니다.

| **DAY 31** | 전치사 끊기 훈련 ❾ for   p.124

👁 전치사 **for**의 대표적인 의미로는 '누구를 위해서', '누구/무엇에 대해서', '얼마 동안'이 있습니다. 그래서 〈for + 누구〉, 〈for + 기간〉처럼 활용되죠.

☐ cook for someone 누구에게 요리해주다

- 누군가에게 요리를 해준다는 것은 그 누군가를 위해서 해주는 것이죠. 영어에서는 이런 의미를 명확하게 밝힙니다. 그래서 '누구에게 요리해준다'고 할 때는 전치사 for를 쓰죠.

☐ go on a diet 다이어트하다

| **DAY 32** | 전치사 끊기 훈련 ❿ of   p.128

👁 A **of** B 하면 'B의 A'라는 말입니다. 오늘은 '~의'라는 소유 또는 소속의 의미를 담고 있는 〈of + 명사〉 청크를 훈련해 보도록 합니다.

☐ local 지역의, 국내의

- local 하면 기계적으로 '지역의'라는 의미로 알고 있는 경우가 많은데요. 기본적인 개념은 이야기의 중심에 있는 인물(들)이 살고 있거나 활동하고 있는 지역을 가리킵니다. 따라서 이야기의 무대가 세계가 되는 경우에 local이라고 하면 '국내의'라는 의미로 하는 말이 되는 거죠.

☐ gym 헬스장, 헬스클럽

- 돈 내고 신청하는 '헬스클럽'도 gym이고, 아파트 단지 내나 마을 주민센터에 거주민들을 위해 마련해놓은 '헬스장'도, 호텔 내에 마련된 '헬스장'도, 학교나 직장 내에 마련된 '헬스장'도 모두 gym입니다. 상당히 포괄적이고 일반적으로 쓰이는 표현이에요.

👁 '언제까지' 뭔가를 한다, 또는 '언제까지' 어떤 상태가 계속된다는 의미를 전달할 때 사용되는 〈until + 언제〉 청크를 말하는 훈련입니다.

☐ **last until midnight** 자정까지 지속되다

- last 하면 '지난, 마지막의'라는 의미로 유명하죠. '마지막으로, 최근에'라는 부사로도 쓰이고요. 여기에 한 가지만 더 알아두세요. last는 '지속되다'는 동사의 의미로도 쓰입니다. 그래서 〈last until + 언제〉는 '언제까지 지속되다'는 의 미의 표현이 되죠.

👁 '어디 앞에', '누구 앞에' 있다는 위치를 나타낼 때 독보적으로 쓰이는 〈in front of + 어디/누구〉 청크를 말하는 훈련을 하는 자리입니다.

☐ **There's a(n) + 단수 명사** ~이 있다

- '~이 있다'는 말을 하고 싶을 때는 There's ~를 떠올리면 됩니다. There's 뒤에 셀 수 있는 명사가 올 때는 〈a(n) + 단수 명사〉로 말해주면 되죠.
- 뒤에 복수 명사를 말하고 싶을 때는 There's가 아니라 There are를 쓰는 게 원칙이지만, 실생활에서는 이 경우도 습관처럼 There's를 쓰는 모습을 많이 접할 수 있습니다.

  📣 **There's a bike in front of the car.** 그 차 앞에 자전거가 한 대 있다.
  📣 **There are two bikes in front of the car.** 그 차 앞에 자전거가 두 대 있다.

☐ **park** 주차하다 **& park** 공원

- park 하면 '주차하다'란 동사의 의미와 '공원'이라는 명사의 의미를 꼭 알아두세요.

👁 '~ 전에'라는 〈before + 명사〉 청크를 말하는 훈련을 해봅니다. 이 경우 '~하기 전에'라고 말하고 싶다면 동사를 '~하는 것, ~하기'란 의미가 되게 -ing형으로 바꿔서 쓰면 되죠. 〈before + -ing〉 형태로 말입 니다.

☐ **finish the book** 그 책을 다 읽다

- 책을 다 읽고고 할 때는 finish the book이라고 하면 됩니다. 직역하면 '그 책을 끝내다'인데요, 굳이 '읽기를 끝내 다'는 식으로 말하지 않아요. 그냥 간단히, 그냥 단순하게 finish the book이라고 하세요.

☐ **submit** [səbmít] ~을 제출하다

- submit의 -b- 발음은 소리내는 데 치중하지 말고, 그저 sub-할 때 입을 다물었다 입을 벌리며 -mit 해주면 자연 스럽게 묻어나게 됩니다.

☐ **late-night snack** 야식   ☐ **go to bed** 잠자리에 들다, 자다

👁 '~ 후에'라고 할 때는 〈after + 명사〉 청크를 쓰면 됩니다. 물론 이 경우에도 '~한 후에, ~하고 나서'라고 말하고 싶다면 동사를 '~하는 것, ~하기'란 의미가 되게 -ing형으로 바꿔서 쓰면 되죠. 〈after + -ing〉 형태로 말입니다.

☐ brush my teeth 이를 닦다, 양치질하다

- 이를 닦을 때는 이 하나만 닦는 게 아니라 이 전체를 닦는 거니까, tooth가 아니라 복수형인 teeth로 써야 합니다.
- 명사의 복수형은 보통 명사 뒤에 -(e)s를 붙이면 되는데, tooth-teeth처럼 형태가 제 식대로 변하는 경우도 있습니다. 이런 경우는 접할 때마다 그때그때 익혀두면 되죠.

☐ have lunch 점심을 먹다

- 동사 have는 '먹다', '마시다'는 의미로도 사용됩니다. 그래서 '아침을 먹다'는 have breakfast, '점심을 먹다'는 have lunch, '저녁을 먹다'는 have dinner라고 말하죠.

☐ play basketball 농구를 하다

- 농구(basketball)나 축구(soccer), 야구(baseball), 테니스(tennis)처럼 공을 갖고 편을 나눠서 경쟁하는 스포츠를 한다고 할 때는 동사 play를 씁니다.

👁 전치사 by는 수단이나 방법, 출처를 나타낼 때 쓰입니다. 〈by + 교통수단〉 하면 '그 교통수단으로', 〈by + 누구〉 하면 '누구에 의해서'라는 의미가 되죠. 또, '어떤 일을 함으로써' 어떻게 했다는 식으로 말하고 싶을 때는 〈by + -ing〉 형태를 쓰면 됩니다.

☐ go to work 출근하다

- 직역하면 '직장에 가다'니까, 결국 '출근하다'는 의미입니다. get to work로도 말할 수 있죠. (동사 get에는 '도착하다, 도달하다'는 의미도 있거든요.)
- 버스나 지하철 같은 대중교통을 이용해서 출근한다고 할 때는 뒤에 by bus, by subway/train 같은 말을 덧붙여 주면 되죠. 단, 내 차로 출근한다고 할 때는 간단히 drive to work라고 합니다. 앞에서 배웠던 거 기억나죠?

☐ by bus 버스로

- 교통수단을 이용한다고 할 때는 by bus(버스로), by train(열차로), by taxi(택시로)처럼 말하면 됩니다.
- '우편으로 by mail', '메일로 by email', '팩스로 by fax'처럼 통신수단을 말할 때도 전치사 by를 쓸 수 있죠.

☐ skip 건너뛰다

- 뭔가를 안 하고 건너뛰는 것을 동사로 skip이라고 합니다. 따라서 식사를 건너뛰고 거른다고 할 때, 수업을 건너뛰고 땡땡이친다고 할 때, 보고 있던 책의 페이지를 건너뛴다고 할 때 등 다양한 상황에서 쓸 수 있죠.

  ⓔ **skip some meals** 식사를 좀 거르다
  ⓔ **skip a class** 수업을 빼먹다[땡땡이치다]
  ⓔ **skip the page** 그 페이지를 건너뛰다

👁 좀 길게 말을 하려면 접속사를 잘 쓸 수 있어야 합니다. 접속사 뒤에는 문장을 말하면 된다는 것 한 가지만 기억하세요. 먼저, '~할 때'라고 구체적으로 뭔가를 하는 때를 나타내는 〈when + 문장〉 청크 훈련입니다.

☐ **listen to music** 음악을 듣다

- 내가 들으려고 애쓰거나 작정한 게 아닌데 어쩌다 보니 귀에 들리는 것을 말할 때는 hear를 씁니다.
- 음악을 듣는 것처럼 내가 선택하거나 뭔가 주의를 기울여 듣는다고 할 때는 listen을 씁니다. 영어 청취 시험에서 '잘 들으세요'라는 지시문은 listen carefully로, listen을 쓰죠. 무엇을 듣는지를 밝힐 때는 뒤에 전치사 to를 쓰고 말해야 한다는 점, 주의하세요.

☐ **watch videos** 동영상을 보다

- '동영상'을 영어로 뭐라고 해야 하지 하고 고민한 적 없으세요? 알고 보면 참 별거 없습니다. 그냥 video라고 하면 되거든요. 특정 영상을 보는 게 아니라 일반적으로 '동영상을 본다'고 말할 때는 대부분 한 편만 보는 것을 두고 하는 말은 아니니까 복수형을 써서 watch videos라고 말하면 됩니다.

☐ **read** ~을 읽다 **vs read** 책을 읽다

- '책을 하나 읽다', '그 책을 읽다'처럼 뭐가 됐든 구체적으로 어떤 책을 읽는다고 할 때는 read a book, read the book처럼 read 뒤에 a book, the book, 또는 구체적인 책명을 밝히면 됩니다.
- 구체적인 책이 아니라 그냥 책을 읽는다는 행위 자체를 뭉뚱그려 얘기할 때는 read만 쓰면 돼요. read라는 동사 자체로 일반적으로 '책을 읽다, 독서하다'라는 의미로도 쓰이거든요.

👁 '~한 후에, ~하고 나서'라는 의미의 after는 전치사로도 쓰이지만 접속사로도 쓰입니다. 뒤에 명사를 넣어서 써도 되고 문장을 넣어서 써도 되니까, 형편에 따라 자기 편한 대로 말하면 되죠. 여기서는 〈after + 문장〉 청크를 훈련해 봅니다.

☐ **go home** 집에 가다

- '공원에 가다'라고 하려면 go to the park라고 해야 합니다. go 뒤에 〈to + 장소 명사〉 청크로 '어디에'를 말해주는 게 보통이죠. 그런데 home은 그 자체에 전치사 to가 포함되어 '집에, 집으로'라는 의미로 쓰이잖아요. 따라서 전치사 없이 그냥 go home입니다.
- '거기에 가다'라고 할 때도 go there로 to 없이 쓰이죠. 즉, '장소 부사'가 go 뒤에 올 때는 전치사 to를 쓰지 않습니다. 당연한 얘기이죠.
- 참고로, go의 과거형은 went, 과거분사형은 gone입니다. (go - went - gone)

  ◎ After I played basketball I **went home.** 난 농구를 하고 나서 집에 갔다.
  ◎ After I played basketball I **went to the Internet cafe.** 난 농구를 하고 나서 피씨방에 갔다.

👁 '~하기 전에'라는 의미의 before 역시 전치사로도 쓰이지만 접속사로도 쓰입니다. 뒤에 명사를 넣어서 써도 되고 문장을 넣어서 써도 되니까, 형편에 따라 자기 편한 대로 말하면 되죠. 여기서는 〈before + 문장〉 청크를 훈련해 봅니다.

□ **speak** 말하다

- talk가 상대방과 뭔가 상호 교감을 하며 이야기를 나눈다는 어감이라면 speak는 그저 소리 내서 내 얘기를 전달한다는 어감입니다. 간단히 한 마디를 내뱉는 것도 speak이고, 연설을 하는 것도 speak이죠.
- 다른 나라 말을 할 줄 아냐고 물을 때 쓰는 동사도 바로 speak입니다.

  ⓓ **Can you speak Korean?** 한국어 할 줄 알아요?

□ **think twice** 두 번 생각하다

- 글자 그대로 쓰면 되는 표현. '생각하다 think,' '두 번 twice', think twice 이렇게 말이죠.

| **DAY 41** | 접속사 끊기 훈련 ❹ if | p.164 |

👁 '만약 ~한다면' 어떻게 할 것이다, '만약 ~한다면' 이렇게 할 수 있을 것이다라는 말을 할 때 활용되는 〈if + 현재 문장〉 청크를 훈련해 봅니다.

- -

□ **If 주어 + 현재 동사 ~ I/we will ...** ~하면 난/우린 …할 것이다

□ **If 주어 + 현재 동사 ~ you can ...** ~하면 넌 …할 수 있다

□ **If it rains** 비가 오면

- 현재 동사는 보통 동사의 원래 모습(기본형이라고 하죠) 대로 쓰면 됩니다. 단, If it rains에서처럼 주어가 he(그), she(그녀), it(그것)일 때만 동사 뒤에 -(e)s를 붙여 말해주세요. 전문 용어로 '3인칭 단수 주어'라고 하죠.

| **DAY 42** | 접속사 끊기 훈련 ❺ whether | p.168 |

👁 '~인지 (어떤지)' 잘 모르겠다거나, '~인지 (어떤지)' 궁금하다거나, '~인지 (어떤지)' 확인해보겠다고 할 때 필요한 〈whether + 문장〉 청크를 훈련해 봅니다.

- -

□ **I'm not sure whether A or B** A인지 B인지 잘 모르겠다

- or B 자리에 or not을 써서 I'm not sure whether A or not(A인지 아닌지 잘 모르겠다) 식의 표현도 많이 씁니다.

  ⓓ **I'm not sure whether it's right or wrong.** 나는 그것이 옳은지 그른지 모르겠다.
  ⓓ **I'm not sure whether it's true or not.** 그게 사실인지 아닌지 잘 모르겠다.

□ **I wonder whether + 문장** ~인지 궁금하다

- 〈whether + 문장〉은 '궁금하다'는 의미의 동사 wonder와 어울려서도 잘 쓰입니다. I wonder whether ~를 통째 묶어 익혀두세요.

□ **I'll check whether + 문장** ~인지 확인할 것이다, ~인지 확인해 보겠다

- check은 '확인하다'는 의미이죠.

👁 '~하면서, ~하는 동안' 또 다른 것을 한다는 식의 동시 동작이나 동시 상황을 나타낼 때 쓰는 〈while + 문장〉 청크를 훈련하는 자리입니다.

☐ I don't talk while eating. 난 먹으면서 말하지 않는다.

- 뭔가 좀 의아하다는 생각 안 드셨어요? 접속사 while 뒤에는 문장이 와야 하는데 eating이 왔잖아요. 이게 어떻게 된 일이냐? 이 문장은 원래대로 치자면 I don't talk while I'm eating.이라고 해야겠죠? 그런데 이야기하는 주체와 밥을 먹는 주체가 I로 동일하네요. 이럴 때는 while 뒤의 주어는 생략해도 됩니다. 그리고 eating만 딱 봐도 동작 진행 중이라는 의미가 딱 들어 있기 때문에 be동사도 주어와 같이 생략해버리는 습관이 있답니다.
- 간단히 정리해보면 '앞의 주어와 접속사의 주어가 동일할 때는 접속사 주어와 be동사는 생략하고 말한다' 정도로 이해하시면 되겠습니다.

☐ text 문자하다, 문자 메시지를 보내다

- '문자 메시지를 보낸다'는 말은 간단히 text라고도 쓸 수 있습니다. text는 명사로 '문자 (메시지)'로도 쓰이고, 동사로 '문자하다, 문자 메시지를 보내다'로도 쓰이는 아주 편리한 단어이죠.
- 앞서 살펴봤던 send a text message(문자 메시지를 보내다)도 기억나죠?

👁 '왜냐하면 ~때문에'라고 이유를 밝힐 때 쓰는 접속사는 because입니다. 즉, 뒤에 문장으로 구구절절 이유를 말해야 할 때는 〈because + 문장〉을 쓰고, 명사 한 마디로 모든 이유가 설명이 될 때는 앞서 훈련한 〈because of + 명사〉를 쓰면 된다는 거죠.

☐ I couldn't sleep 잠을 못 잤다

- "어젯밤에 잠을 못 잤어."라는 말을 하고 싶을 때가 종종 있는데, 그때 영어가 바로바로 튀어나오나요? '난 잠을 잘 수가 없었다'는 I couldn't sleep을 쓰면 간단히 해결되니까, 이제부터는 망설이지 말고 어제 잠을 못 잤다, 무엇 때문에 잠을 못 잤다는 말, 영어로도 편하게 하세요.

   🔊 **I couldn't sleep** last night. 어젯밤에 잠을 못 잤어.
   🔊 **I couldn't sleep** last night because it was so hot. 어젯밤에 너무 더워서 잠을 못 잤어.

☐ run over (예정 시간을) 넘기다, 초과하다

- 회의가 또는 어떤 행사가 예정 시간을 넘겨서 끝났을 때 딱 쓰기 좋은 표현입니다.

☐ expire [ikspáiər] 유효기간이 만료되다

👁 '언제까지'라는 의미의 until도 전치사, 접속사로 모두 쓰입니다. 그래서 편의에 따라, 상황에 따라 뒤에 명사를 넣어 써도 되고, 문장을 넣어 써도 되죠. 여기서는 〈until + 문장〉 청크를 훈련해 봅니다.

☐ delay ~을 연기하다, 미루다

The meeting will not start until everyone arrives.
모두 올 때까지 회의는 시작하지 않을 것이다. 모두 오면 회의를 시작하겠다.
- 〈not A until B〉식의 표현은 직역하면 'B가 될 때까지는 A하지 않는다'인데요. 이 말은 'B라는 상황이 되면 A한다' 는 이야기를 할 때 쓰는 표현입니다.

keep -ing 계속 ~하다, 자꾸 ~하다
- 한 순간도 쉬지 않고 계속이라는 말이 아니라, 습관적으로 혹은 반복적으로 나타나는 동작을 나타내는 표현입니다.

| **DAY 46** | **it 나중에 설명하기❶ 동사로 설명** | p.184 |

👁 무턱대고 It은 시간이 걸린다고 말한 후에 이어서 앞서 말한 It이 무엇인지를 설명하는 방식의 표현법을 훈 련하는 자리입니다. 그 중 하나인 to부정사로 It을 설명하는 방식을 먼저 훈련해 봅니다. 〈It ~ to + 동사 원형〉의 표현 방식으로 '동사원형하는 것은 ~이다'라는 의미이죠.

It takes time to + 동사원형 ~하는 것은 시간이 걸린다
- 동사 take는 시간이 얼마 '걸린다'는 의미로도 아주 많이 활용됩니다.

develop a good habit 좋은 습관을 기르다

It's hard to + 동사원형 ~하는 것은 어렵다[힘든 일이다]

say sorry 미안하다고 하다, 사과하다

It's a good idea to + 동사원형 ~하는 것은 좋은 생각이다

| **DAY 47** | **it 나중에 설명하기❷ 문장으로 설명** | p.188 |

👁 It이 설명하는 내용이 굳이 주어를 언급하지 않아도 되는 경우에는 to부정사로 설명하면 됩니다. 하지만 딱 집어 주어를 언급해 주어야 하는 경우도 있겠죠. 그럴 때는 It을 〈that + 문장〉으로 설명합니다.

It's best that + 문장 ~하는 게 제일 좋다

It's better that + 문장 ~하는 게 더 낫다

make one's own decision 자신만의 결정을 내리다, 스스로의 결정을 내리다
- 일반적으로 '결정하다, 결정을 내리다'는 make one's decision이라고 합니다. 스스로 생각하고 스스로의 의지로 자기만의 결정을 내린다고 강조해서 말할 때 make one's own decision을 쓰면 됩니다.

It's good that + 문장 ~라는 것은 좋은 일이다

👁 '그가 내게 어쩌고저쩌고 말했다'고 하려면 〈He said to me 어쩌고저쩌고〉하면 되는데, 어쩌고저쩌고는 접어두고 '그가 내게 말한 것'이라고만 표현해야 할 때가 있습니다. 그럴 때 필요한 게 바로 what이죠. 〈what 주어 + 동사〉는 '주어가 ~하는 것'이라는 의미. 따라서 '그가 내게 말한 것'은 what he said to me가 됩니다.

- -

☐ **I don't care** 상관없다, 신경 안 쓴다

- care는 '상관하다, 마음쓰다'는 의미로도 쓰이는데, 이 경우 I don't care처럼 주로 부정문으로 활용됩니다.
- 뭐가 상관없다는 건지 구체적인 내용을 밝혀주고 싶다면 I don't care 뒤에 그 내용을 덧붙여주면 되죠.
- 상대방의 질문이나 염려에 대해 '난 상관없어.' '난 신경 안 써.'라고 답변할 때 I don't care. 단독으로 쓰기도 아주 유용합니다.

- -

☐ **what others think of me**
남들이 나에 대해서 생각하는 것, 남들이 나에 대해 어떻게 생각하는지

- '남들, 다른 사람들'은 others라고 표현하면 됩니다.

- -

☐ **what he said (to me)** 그가 (내게) 말한 것

- -

☐ **matter** 중요하다, 문제가 되다

- matter가 '중요하다, 문제가 되다'는 의미로 쓰이는 경우, 이 표현도 함께 기억해 주세요. 다름아닌 바로 It doesn't matter. '그건 문제가 안 돼.' '그건 중요치 않아.'라는 의미로 매우 자주 언급되는 표현입니다.

- -

☐ **what I see** 내가 보는 것

- '~하는 것'이라는 의미로 쓰이는 what 뒤에는 모두 목적어가 없다는 사실, 눈치 챘죠?

👁 앞서 익힌 〈what 주어 + 동사〉와 같은 맥락의 표현입니다. 다만, '~하는 것이 무엇인지'처럼 '무엇인지'라는 우리말을 넣어주면 좀 더 자연스러운 표현들만 모아서 훈련해보는 자리입니다.

- -

☐ **I know what 주어 + 동사** ~하는 것이 무엇인지 안다

- 안다고 할 때는 I know ~, 모른다고 할 때는 I don't know ~! 따라서 '~하는 것이 무엇인지 모른다'고 할 때는 〈I don't know what 주어 + 동사〉를 쓰면 됩니다.

  ⓔ **I know what I'm doing now.** 난 내가 지금 뭘 하고 있는지 안다.
  ⓔ **I don't know what I'm doing now.** 난 내가 지금 뭘 하고 있는 건지 모르겠다.

- -

☐ **I'm not sure what 주어 + 동사** ~하는 것이 무엇인지 모르겠다

- I don't know가 말 그대로 '모른다'는 사실 자체에 초점이 맞춰진 표현이라면, I'm not sure는 '확실치가 않아서 자신이 없다'는 뉘앙스를 담고 있습니다.

- -

☐ **He didn't tell me what 주어 + 동사** 그는 내게 ~하는 것이 무엇인지 말하지 않았다

👁 책은 책인데, '내가 읽은 바로 그 책'이라고 '그 책 the book'에 대해 부연 설명을 덧붙이고 싶을 때는 the book 뒤에 '내가 읽은 he read'라는 말만 이어주면 됩니다.

☐ **the book he read** 그가 읽은 책

- 앞의 명사는 뒤에서 설명하고 있는 바로 '그' 특정한 명사이기 때문에 이런 경우 명사 앞에는 정관사 the를 붙이는 게 보통이죠.
- He talked about the book he read.에서 read는 과거형으로 쓰였기 때문에 [red]라고 발음해야 합니다.

☐ **forget** 잊다, 잊어버리다 (현재형) **– forgot** 잊었다, 잊어버렸다 (과거형)

☐ **the movie I saw yesterday** 내가 어제 본 영화

☐ **the cake we ate together** 우리가 함께 먹은 케이크

- 위 표현들에서 뭔가 의아한 점을 발견하지 못 했나요? 명사 뒤에 문장으로 설명을 하고 있는데 형용사 같은 역할을 하고 있죠? 바로 〈the + 명사〉와 그 〈설명〉 사이에 관계대명사라는 것이 생략되어 있는 건데요. 이런 복잡한 이론은 신경 끄고, 그냥 〈the + 명사〉라고 말한 다음 설명하고 싶은 말을 덧붙여주면 된다고 단순하게 생각하세요.

☐ **amazing** 놀라울 정도로 대단한

- 너무 대단하고 훌륭한 것을 보고 느낄 때 감탄하면서 하는 말입니다. 작품이 너무 훌륭할 때, 풍경이 너무 아름다울 때, 어떤 사람의 재능이 너무 감탄스러울 때, 또 본 책에서처럼 음식 맛이 정말 너무 좋을 때 등 다양한 상황에서 쓰이는 표현이죠.
- 감탄과 놀라움, 칭찬을 표현할 때 Amazing! 단독으로도 많이 쓰이죠.